はしがき

「団塊の世代」が順次，定年退職を迎える中，2007年問題や2012年問題などが話題となってきましたが，サラリーマンだけではなく多くの中小企業の創業者も代替わりの時を迎えています。

国税庁の調査によれば，資本金1億円以下の中小企業の会社数は約258万社であり，実に全会社数の98.9%の割合を占めます。これら多くの中小企業の承継問題は我が国の経済に多大な影響を及ぼすものであり，個々の企業にとって承継問題を円滑に成功に導くことがその後の事業の発展，ファミリーの繁栄につながるのです。

「事業承継」とは「経営」「財産」「意志」を承継することですが，誰が何を承継するかによって「親族内承継」と「親族外承継」に大別されます。本書では，「親族内承継」を経営・財産ともに親族内の者に承継させることと定義し，その解説を行っています。「親族内承継」は減少傾向にあるとはいえ，未だわが国ではその数が多い承継形態です。

本書では，まずQ&A編で親族内承継の基本的なポイントを理解できるよう解説し，ケース・スタディ編では我々が実際に携わった親族内承継の実例を紹介しています。ケース・スタディ編の各事例は実例ですので，なかにはもっと良い方法があったのではないかと思われるケースがあるかもしれません。しかし，円滑な事業承継とは与えられた条件の中で，優先順位の差こそあれ「経営」「財産」「意志」の3要素の承継をどう折り合いをつけてソフトランディングさせていくかにかかっています。そこで，本書では事業承継の実際を知っていただくために，あえて実例を掲載いたしました。

本書によって，より多くの優れた事業・会社の「経営」「財産」「意志」の承継が，円滑に正しく成就できることを願ってやみません。

平成23年12月

グラントソントン太陽ASG税理士法人

目　次

はしがき

Q＆A編

ケーススタディ編

Ｑ＆Ａ編

1 事業承継とは何か

Q 最近よく耳にする事業承継とは，どのようなものでしょうか。

A

事業承継とは，

① 後継者へ事業経営の権利を承継させること，すなわち「経営の承継」

② 株式等の事業財産を承継させること，すなわち「財産の承継」

③ 経営者の意志・想いを承継させること，すなわち「意志の承継」

をいいます。

解　説

1 事業承継とは

我が国の中小企業のほとんどは，同族会社，いわゆるオーナー企業で，経営者の多くは創業者であることが多く，事業に自己資金と情熱を注いできたため，経営者自身の財産の大部分が自社株式といったケースも少なくありません。そのため，経営者に相続が発生すると，相続人には市場性のない自社株式だけが残され，相続税の納税資金の手当てに苦慮するケースが多く見受けられます。そのような背景もあって，事業承継対策＝税金対策と考えられている傾向があります。

本来の事業承継においては，税のことだけではなく公平感なども意識した株式分配ビジネスの更なる発展，オーナーである経営者ファミリーの繁栄，事業に携わらないファミリーの幸福，従業員や取引先等のステークホルダーの理解と安定を目指すこと，すなわち「経営の承継」「財産の承継」「意志の承継」を

■事業承継の目指すもの

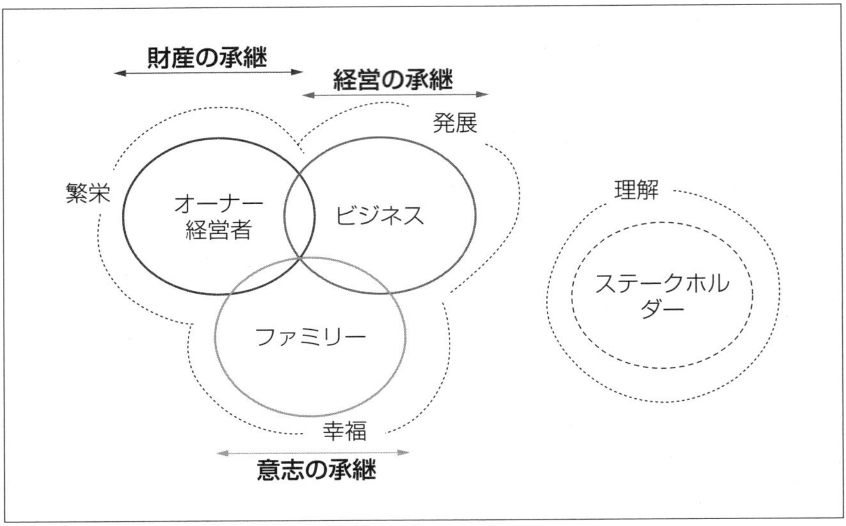

行うことが重要です。

2 経営の承継

経営の承継とは，主に経営権（＝議決権）を後継者へ承継させることをいい，広い意味では，事業用資産を承継させることも含まれます。経営権とは，会社運営上の決定権，会社財産についての処分権，従業員・役員，取引先に対する影響力などの一切の権利をいいます。

通常，会社の経営支配権を確保するためには，株主総会の普通決議事項を充足できる株数，すなわち過半数の議決権割合が必要です。議決権の過半数で取締役の選任・解任決議が可能となり，取締役会をコントロールできるためです。また，合併や定款変更などの会社運営上の重要な事項の決定権を確保するためには，特別決議を充足できる３分の２以上の議決権を確保しなければなりません。そのため，ファミリーで支配権を確立するためには，これらの割合を意識して経営権を保持する必要があります。

万が一，後継者が経営権を確保しないまま，代表者となった場合には，経営権を所有する株主から，解任される等のリスクがあります。

また，中小企業においては，社長の親族が後継者になるケースが多く，後継者に経営が引き継がれても，後継者に能力や経験が不足しているため，その後の経営が立ち行かなくなるケースも多く見受けられます。

円滑な経営の承継，すなわち，優れた経営執行者に確実に経営権を承継させ，経営のバトンタッチをするためには，財産の承継や意志の承継なども考慮したうえで，早めに事業承継計画をたて，実行に移すことが重要です。

③財産の承継

財産の承継とは，事業承継において，会社所有権である自社株式や事業用財産を次世代へ承継させることです。

自社の株式が相続，贈与または売買などにより承継されると，課税問題が発生します。現経営者が所有する株式をいつ，どのような方法で後継者へ移動させるかにより，課税される税金も変わってきます。生前の株式承継の場合，売買により承継すれば，現経営者に譲渡所得税がかかりますし，贈与により承継すれば，後継者に贈与税がかかります。

業績好調の会社や含み益がある資産等を所有している会社については，自社株式の評価額が高くなる傾向にあるため，その株式の承継コスト＝税金も高くなります。

非上場株式には市場性がないため換金性・担保価値ともに低く，買い手をみつけにくいことから，納税資金の確保が困難です。

このように，事業承継を考えるうえで必要不可欠となる税金の問題を解決するために，相続税対策として，①相続する株式，評価額を少なくすること＝株式対策と，②納税資金を確保すること＝納税対策の２つを同時に検討することが重要です。

④ 意志の承継

事業承継というと，経営の承継や財産の承継が重視されがちですが，経営者の意志や想いを次世代以降の後継者に継承する，すなわち「意志の承継」を確実に行ってこそ，価値ある承継となります。

したがって，後継者の選定や財産の分配をどのようにしたいか，また，ビジネスをするうえで必要不可欠な経営理念やファミリーの家訓や信条など，すなわち経営者自身の公私にわたる意志を文書化し残しておくことが意志の承継のために重要です。

■事業承継計画の実行まで

自社の現状認識・分析	会社の経営資源の状況
	会社を取り巻く経営環境とリスクの状況
	オーナーの資産・負債の状況
	後継者候補の状況
	相続発生時に予想される問題点の検討

↓

今後の課題とその対応策の検討	経営資源を強化するための人材確保の検討
	会社の資金調達の検討，商品開発など
	オーナー個人の財産の整理，個人保証の見直し
	後継者の選定と育成方法の検討
	財産分与の方法や納税方法，税対策の検討

↓

事業承継計画における具体的な引継計画の作成	現経営者と後継者との間での引継期間の設定，役割分担
	自社株式の移動方法の検討
	経営者の意志・想いの文書化
	定量情報・定性情報をもとに，現経営者と後継者が実行すべき項目を明記
	事業に携わらないファミリーへの財産分配計画
	税対策のプラン化
	具体的にスケジュール化

↓

事業承継計画の実行	自社株式の移動，税対策の実行
	実行後の継続的なメンテナンス

2　親族内事業承継と親族外事業承継

Q 事業承継にはどのような方法がありますか。

A 事業承継は，「親族内事業承継」と「親族外事業承継」に大別されます。本書では「親族内事業承継」を，経営および財産のすべてが親族内に承継されることと定義します。その他の承継は「親族外事業承継」となり，親族外事業承継は「従業員等への承継」「M&A」「廃業」に大別されます。

解　説

1 事業承継の方法

(1)　親族内事業承継

親族内事業承継は，経営・財産ともに親族内の者に承継させる事業承継です。一般的には，事業を子息・息女に承継させる場合が多くみられますが，中には子息・息女以外の親族に承継させるケースもあります。

30年近く前は事業承継の8割以上が子息・息女への承継（㈱東京商工リサーチ「後継者教育に関する実態調査」2003年より）でしたが，現在は選択肢が増え，娘婿や経営者の甥・姪への承継，子息・息女が幼少である場合は，配偶者が中継ぎとして一時的に承継するなど，他の親族への承継も増えています。

(2)　親族外事業承継

①　従業員等への承継

外部の第三者への承継には，社内に在籍する親族以外の従業員や役員へ承継させる場合と，社外の取引金融機関や取引先などから招へいした者へ承継させる場合があります。

多くの場合，「経営」と「所有」を一体と考えて，親族へ株式を承継させる方法で承継計画を設計しますが，後継者である子息・息女が幼少である場合や経験不足であるような場合は，中継ぎとして従業員等へ経営を一時的に承継させる方法も選択肢として考えるべきでしょう。

② M&A

M&Aは，会社の全部もしくは一部の買収や合併のことを意味します。従来，中小企業にとっては，M&Aはなじみの薄いものと考えられがちでしたが，最近では，後継者難や商法・会社法・独占禁止法等の法律改正による規制緩和の影響で，M&A自体も抵抗感がなくなり，仲介会社の台頭で環境が整ってきたことから，事業承継の方法の一つとして浸透してきています。

ただし，自社に合ったM&Aの方法を選択するためには，自社の評価について法務・財務・事業等を多方面から精査・分析する必要があるため，長期戦となること，手間暇やコストがかかることを念頭において考えなければなりません。また，情報漏洩にも十分気をつける必要があります。

③ 廃業

承継を考えるにあたり，後継者として親族内・外においても適任な候補者が見当たらない場合，経営が立ち行かなくなる前に，事業から撤退する，すなわち廃業することも選択肢のひとつとしてあります。

廃業の意志決定は，赤字経営が一定期間継続したり，債務超過に陥ったとき，内外の環境変化に対応できなくなったときなどに多いとされます。欠損の発生や売上高・収益力の低下が常態化している状況にあっては，倒産などにいたる前の早い時期での廃業を検討することが大切です。

■事業承継の方法

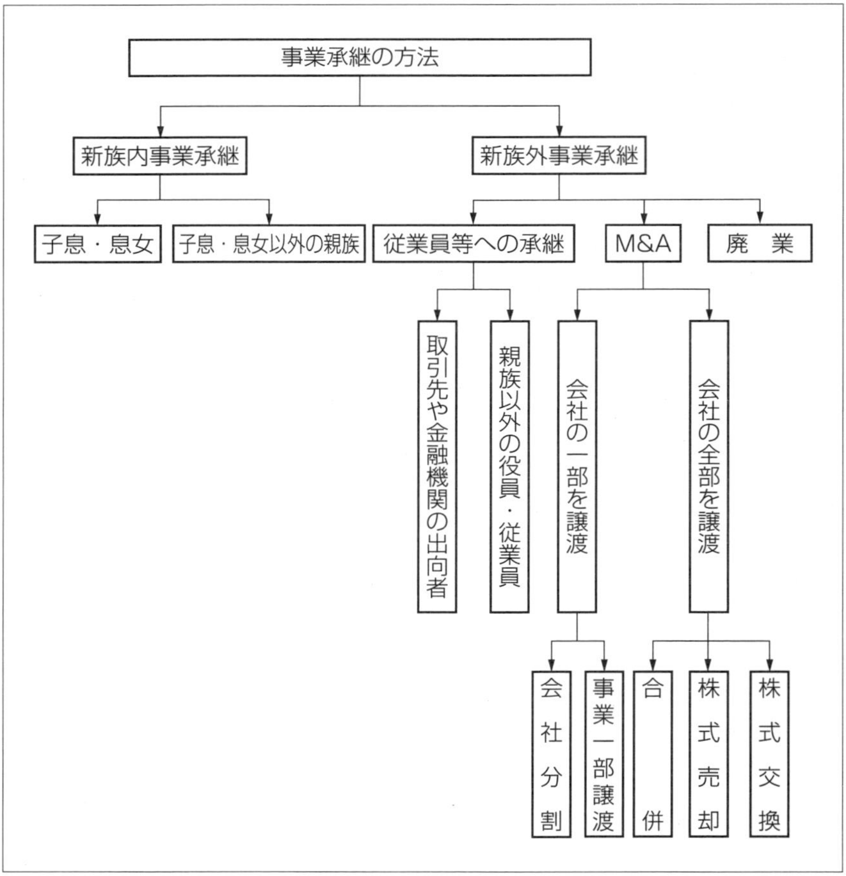
事業承継の方法
新族内事業承継
新族外事業承継
子息・息女
子息・息女以外の親族
従業員等への承継
M&A
廃　業
取引先や金融機関の出向者
親族以外の役員・従業員
会社の一部を譲渡
会社の全部を譲渡
会社分割
事業一部譲渡
合併
株式売却
株式交換

■親族内事業承継・親族外事業承継のメリット・デメリット

		メリット	デメリット
親族内事業承継		・内外の関係者が心情的に受け入れやすい。 ・親族という身近な存在であるので，事業承継を行うにあたっての経営者の意志を伝えやすい。 ・承継方法の選択の幅が広い（売買・贈与・相続など）。 ・財産や株式の分散が生じにくい。	・相続人が複数いる場合，後継者の選択や経営権の集中が困難。 ・心情的に，経営者としての資質がない後継者であっても経営を任せてしまいがち。適格性の判断が甘くなる。
親族外事業承継	従業員等への承継	・親族以外の従業員や役員への承継は，関係者の安心感を得やすい。 ・同業他社からの採用や異業種からのヘッドハンティングも期待できる。	・後継者候補に株式買取資金がない場合が多い。 ・個人債務保証の引継ぎなどの問題があり，取引金融機関等の理解が得られない可能性が高い。
	M&A	・より広範囲から適格な会社，適任者を選択できる。 ・現経営者が会社売却により資金を獲得できる。	・売り手・買い手の双方の条件（従業員の待遇，価格等）を満たす可能性が高くない。 ・仲介会社，専門家への報酬負担が少なくない。 ・現役員解任の可能性。
	廃業	・継続的な赤字や債務超過に陥っている場合，事業を親族に承継（相続）させなくて済むため，個人保証などの問題が解消できる。	・債務超過の場合は，債務に充当するための資金調達が必要となり，経営者個人の信用による融資などが必要となる。 ・従業員の混乱や士気の低下などのリスクが生じやすい。

3 株式の分配対策と税金対策

Q 親族内事業承継を考えるうえでの課題を教えてください。どのような点に重点をおいて親族内事業承継を考えたらよいのでしょうか。

A 親族内事業承継を考えるうえで，経営の承継と財産の承継が主な課題として挙げられます。経営の承継の観点からは①に，財産の承継の観点からは②に重点をおいて事業承継を検討することが重要です。

① 株式の分配対策……後継者への経営権の集中，相続人間の公平性の確保

② 税金対策……株式の評価下げ，納税資金の確保

解 説

1 株式の分配対策

事業承継の基本は，経営に関与する後継者候補に，議決権を集中させるために，経営者の所有する株式を承継させ，一方，経営に関与しない後継者以外の相続人には，他の財産を承継させることにより「公平」性を確保することです。

しかしながら，民法上の法定相続分は，相続人の立場に関係なく，子は全員「平等」であり，後継者以外の相続人の遺留分を考慮すると，後継者のみに株式の承継を集中させることは困難で，後継者以外の相続人にも株式を承継させざるを得ないケースが多いのが実情です。

後継者以外に株式が一度分散してしまうと，再度自社株式を経営者に集中させることは，資金や交渉などの労力が必要で困難が伴うことから，相続発生前

に株式分散防止策を講じておくことが重要です。

① 遺言の活用……Q4を参照

② 遺留分制約の対策（除外合意・固定合意）……Q5，Q6を参照

③ 種類株式の活用，評価……Q7，Q9を参照

④ 相続人に対する株式の売渡請求制度の活用……Q8を参照

⑤ 信託制度の活用……Q10を参照

⑥ 後継者への承継計画の検討……Q11を参照

⑦ ハッピーリタイアメント計画の検討……Q12を参照

⑧ 一家の信条，理念，家訓の作成……Q13を参照

⑨ 贈与税・相続税の納税猶予（経営承継円滑化法）……Q21を参照

2 税金対策

非上場会社の場合，自社株式の評価を行う機会が少なく，オーナー経営者に相続が発生した際，予想外に多額の相続税が発生することを認識するケースも多くみられます。

しかも，経営者の財産の大半が自社株式で占められていることが多く，納税資金の手当てに苦慮することになります。

経営者の死亡後に，相続人が相続税の納税に苦慮しないようにするためにも，現経営者の存命中から，所有している財産を評価し，どのくらいの納税資金が必要になるのか等を把握し，例えば，つぎのような税金の対策を検討しておく必要があります。

(1) 株式の評価下げ

① 財産自体の評価を下げる方法の検討

a 法人における生命保険金の活用……Q22を参照

b 死亡退職金の活用，役員退職金の支払い……Q23を参照

c 資産管理会社の設立と株式譲渡……Q24を参照

d 類似業種比準価額方式の「大会社」への区分変更……Q28を参照

e　赤字決算・含み損の利用……Q29 を参照

f　新株予約権，ストックオプションの活用……Q30 を参照

② 数量を減らす方法の検討

a　従業員持株会の活用……Q25 を参照

b　財団法人への寄附……Q26 を参照

c　議決権制限株式の第三者割当増資（投資育成）……Q27 を参照

(2) 納税資金の確保

所有している財産の流動性を高めることが重要ですが，具体的にはつぎのような対策があります。

① 自社株式の現金化（金庫株）の取得……Q18 を参照

② 延納・物納の検討……Q17 を参照

③ 経営承継円滑化法による金融支援等を検討……Q19 を参照

④ 相続時精算課税制度の概要，暦年贈与との比較，活用例……Q20 を参照

⑤ 新事業承継税制（納税猶予制度）の概要……Q21 を参照

⑥ 生命保険による資金調達……Q22 を参照

⑦ 死亡退職金の活用……Q23 を参照

4 遺言の活用

Q 自社株の承継を巡る争いを回避する方法の一つに遺言があると聞きましたが，遺言の効力，留意点などについて教えてください。

A 遺言は被相続人の最終の意志表示であり，遺言によって相続人以外の他人や会社等にも相続財産を承継させること（遺贈）ができます。そのため，「誰に」「何を」承継させるかを遺言書に記載することにより，相続争いや遺産分割協議をすることなく，後継者に自社株式や事業用資産を集中させることが可能となります。

ただし，遺言には２つの限界があり，①相続人全員の同意があれば，遺言と異なる遺産分割が可能であること，②遺言書の内容が遺留分（直系尊属のみが相続人の場合は法定相続分の３分の１，それ以外の場合は法定相続分の２分の１）を侵害した場合，その相続人から「遺留分の減殺請求」をされることに注意が必要です。

解　説

1 遺言の効力・効果

親族内での事業承継においては，現経営者の存命中から，生前贈与により株式や事業用不動産等の分配を進めておくことが重要ですが，税務上の判断等から生前に権利委譲を行うことが得策ではないようなケースでは，遺言の活用が有効となります。

遺言書は，自分の財産について，「誰に」「何を」相続させるかを自由に記載することができるため，法定相続分どおり遺産分割することが望ましくない自社株式や事業用不動産のような財産を後継者となる親族に確実に移転できるというメリットがあります。

なお，わが国では遺言は相続でもめそうな場合にのみ書くもので，心証的に縁起が悪いと誤解されていることもあり，現実的には多くの相続が法定相続となっていますが，遺言には相続人の争いを事前に防止する効果だけではなく，倫理遺言といって心情的な部分，例えば「会社の経営理念」や「親から子への想い」を付言事項として盛り込むことで相続人に自分の想いを伝える効果もあります。

2 遺言可能な項目

遺言が可能な項目は10種類程あり，遺言により財産処分だけではなく，子の認知などもできます。

1	認知	8	相続分の指定・指定の委託
2	未成年後見人の指定	9	遺産分割方法の指定・指定の委託
3	未成年後見監督人の指定	10	遺産分割の禁止
4	遺贈	11	共同相続人間の担保責任の指定
5	遺贈の減殺方法の指定	12	遺言執行者の指定・指定の委託
6	寄附行為	13	信託の設定
7	相続人の廃除と廃除の取り消し		

3 遺言の種類

遺言は，自筆証書遺言・公正証書遺言・秘密証書遺言の3種類がありますが，主に活用されているのは，すべて自分で手書きして作成する自筆証書遺言と公証人に作成してもらう公正証書遺言です。両者に法的効力の優劣はありませんが，下記の図の比較より，法的に有効な遺言により，相続紛争を防止するためには，公正証書遺言の作成がより効果的です。

■遺言の種類（民法 967〜971）

	自筆証書遺言	公正証書遺言
作成方法	・遺言者が全文，日付，氏名を自署し，押印する	・証人２人以上とともに公証役場で作成する ・公証人が遺言者の口授を筆記し，遺言者及び証人に読み聞かせる ・遺言者及び証人は内容を確認のうえ，遺言者は実印を証人は認印を押印する
保　管	遺言者が保管する	原本は公証人役場に保管され，写しを遺言者が保管
家庭裁判所の検認	※必　要	不　要
長　所	・内容を秘密にできる ・手軽に作成できる ・費用がかからない	・偽造，隠匿，紛失の恐れがない ・無効になる恐れがない
短　所	・偽造，隠匿，紛失の恐れがある ・記載不備により無効になる恐れがある ・遺言書が発見されない可能性もある	・内容が証人や公証人に知られる ・手間がかかる ・費用がかかる （注） 費用の目安としては，１億円の遺産を相続人に均等に与える場合は，約10万円の手数料が必要

※家庭裁判所の遺言書の検認とは，遺言書の偽造を防ぐための一種の証拠保全手続です。

4 遺言作成のポイント

(1) すべての相続財産の分割方法を遺言で指定する

相続財産には，株式・事業用不動産等さまざまな種類があることが一般的ですが，そのうち一部でも分割方法が指定されない財産がある場合，別途，相続人間で遺産分割協議が必要となり，最終的な分割方法が決定されるまで長期間かかる場合があります。財産を漏らさず記載するコツは，「その他一切の財産は○○に相続させる」などの包括的な条項をつけておくことです。

(2)　遺留分を配慮

財産のほとんどが自社株式のようなケースでは，後継者となる相続人にすべての自社株式を承継させてしまうと，他の相続人の遺留分を侵害する恐れがあるため，十分留意する必要があります。

遺言での配慮の内容としては，他の相続人も遺留分を侵害しない程度に財産を相続させる，そのような遺産分配とした理由について遺言者の考えを付言事項として明記しておく，などが考えられます。

(3)　遺言執行者を指定する

遺言は作成するだけでなく，相続発生後に迅速に実行されなければ意味がないため，遺言内容の実現のための権限と責任をもつ遺言執行者を指定しておくことが望ましいとされます。相続人の１人を遺言執行者とすることもできますが，円滑な遺言執行という観点から，利害関係者を遺言執行者とすることは避け，弁護士等専門知識を有する第三者を指定しておくことが適当です。また，遺言に基づいて金融機関から預金の払い戻しを行う際の手続を円滑化する観点からは，「遺言執行者に対して，本遺言執行のための預貯金の名義変更，解約及び換金等の一切を行う権限を付与する」といった文言を盛り込んでおくことが有効です。

5 遺　留　分

Q 遺言を作成する際に遺留分に留意する必要があると聞きましたが，遺留分について具体的に教えてください。

A 遺留分とは，法定相続人のうち，兄弟姉妹以外の相続人に保障された最低限の相続財産の取得割合をいいます。親族内の事業承継においては，現経営者が遺贈，贈与などにより後継者に自社株式や事業用不動産を承継させる際，後継者以外の相続人の取り分が遺留分より少なくならないように留意する必要があります。

解　説

1 遺留分とは

遺留分とは，相続財産に対する最低限の取り分を一定の法定相続人に保障する制度をいいます。遺留分は，民法に定められた権利であり，遺言によっても侵すことはできません。

現経営者の所有する財産のうち，かなりの割合を自社株式や事業用不動産が占めるようなケースでは，現経営者は遺贈や贈与の際に，後継者となる相続人に財産のほとんどを承継させがちですが，後継者となる相続人以外の相続人に対しても遺留分を意識した財産分与を行うなどの配慮が必要です。

なお，遺留分の割合は相続人ごとに違っており，兄弟姉妹以外の相続人が主張できます。

■相続人各人の遺留分割合（民法 1028）

相続人		遺留分割合※	
配偶者のみ		２分の１	
配偶者と子供（代襲相続人を含む）	配偶者	４分の１	
	子（代襲相続人を含む）	４分の１	４分の１を各々子の数により配分
配偶者と直系尊属	配偶者	３分の１	
	直系尊属	６分の１	６分の１を直系尊属の数により配分
配偶者と兄弟姉妹	配偶者	２分の１	
	兄弟姉妹	なし	
子供（代襲相続人を含む）のみ	子供（代襲相続人を含む）	２分の１	２分の１を各々子の数により配分
直系尊属のみ	直系尊属	３分の１	３分の１を直系尊属の数により配分

※遺留分の比率×各相続人の法定相続分比率

２ 遺留分の計算方法

被相続人が相続開始時において有していた財産の価額に，相続開始前１年以内に贈与した財産の価額および特別受益の額を加えたものから，債務の全額を控除して，「遺留分算定の基礎財産の価額」を計算します。

特別受益というのは，相続人のうち一部の人が，被相続人から婚姻や養子縁組のためや生計の資本として生前に受けていた特別な財産のことであり，現経営者が事業承継のために後継者に自社株式や事業用財産を贈与しているような場合は，この特別受益に含めることとなります。なお，特別受益は受けた当時の価額ではなく，相続開始時の価額（時価）で評価します。

相続人各人の遺留分は，「遺留分算定の基礎財産の価額」に遺留分の比率と各相続人の法定相続分を乗じて計算することとなります（民法 1029，1030）。

■遺留分の計算例

オーナー経営者である被相続人は，子供Ａに対して自社株式を相続させる旨の遺言書を作成していた。相続が発生した時点での積極財産は8,000万円（自社株式4,000万円，現預金4,000万円），債務は2,000万円。被相続人は配偶者と子供Ａ，子供Ｂの２人。自社株式以外は，法定相続分どおりの相続を行った。

＜遺留分の算定基礎となる財産＞

8,000万円－2,000万円＝6,000万円

＜遺留分金額＞

6,000万円×1/2【遺留分比率】＝3,000万円

配偶者は1,500万円（3,000万円×1/2【法定相続分比率】）

子供Ｂは750万円（3,000万円×1/2×1/2）

■遺留分侵害額の計算式

遺留分侵害額 ＝ **遺留分算定の基礎となる財産の額** × **相続人の遺留分割合** － **相続人の特別受益額** － **相続人が相続により得た財産の額**

■遺留分侵害額の計算例

①　配偶者の場合

積極財産のうち現預金部分……4,000万円×1/2＝2,000万円と

債務の負担部分……2,000万円×1/2＝1,000万円

相続財産の額は

2,000万円－1,000万円＝1,000万円となる。

その結果，遺留分侵害額は

1,500万円－1,000万円＝500万円

配偶者の遺留分が500万円侵害されている。

② **子供Bの場合**

積極財産のうち現預金部分……4,000 万円×1/2×1/2＝1,000 万円と

債務の負担部分……2,000 万円×1/2×1/2＝500 万円

相続財産の額は

1,000 万円－500 万円＝500 万円となる。

その結果，遺留分侵害額は

750 万円－500 万円＝250 万円

子供Bの遺留分が 250 万円侵害されている。

③ 遺留分減殺請求

遺留分よりも少ない財産しか受け取れなかった相続人は，遺留分の不足分を遺留分を侵害している受贈者または受遺者に請求し，取り戻すことができます。これを遺留分の減殺請求といい，相続発生後に遺留分の侵害を知った日から1年以内に行使しなければ，時効により消滅します。

後継者以外の相続人の取り分が遺留分よりも少なくなるような遺言がされても，その人が遺留分減殺請求をしなければ問題は生じませんが，いったんその人が遺留分の減殺請求をすると，その後の遺産分割についても後々までもめる可能性があるため，遺言作成に際しては，各相続人の遺留分の算定を慎重に行う必要があります。

④ 遺留分の事前放棄

相続開始前に遺留分を放棄することは，家庭裁判所の許可を得たときに限って可能です（民法 1043）。遺留分権利者に対して無理に遺留分の放棄をさせることなどを防止するため，家庭裁判所へ許可の申立てをしても必ず許可されるわけではありませんが，特段の事情がない限り，許可は下りているようです。

また，遺留分を放棄した者でも，相続権自体を放棄したわけではないので，相続が開始すれば相続人になることができます。

事業承継において，後継者以外の相続人が遺留分を放棄するには，現経営者の存命中，自ら家庭裁判所の許可の申立てをする必要があるため，コストや時間がかかる事前放棄の手続を進んで行うことを期待するのは難しいと考えます。そのため，後継者に自社株式等を生前贈与するのであれば，後継者以外の相続人にもその他の財産の生前贈与を行い，かつ遺留分放棄を後継者以外の相続人に同時に行ってもらうことが得策といえます。

なお，遺留分放棄の際に相続人全員の同意が得られるのであれば，その後の許可手続などを後継者が単独で進めることができる「経営承継円滑化法」による特例を活用するのも一つの方法です（Q6 参照）。

6 遺留分制約の対策（除外合意・固定合意）

Q 後継者が経営者から贈与された自社株式について，遺留分に関する民法の特例が定められていると聞きましたが，どのような制度でしょうか。

A 経営承継円滑化法に定める遺留分に関する民法特例として，後継者を含む経営者の推定相続人全員の合意により，①遺留分算定の基礎財産から除外することができる制度（除外合意），②遺留分算定の基礎財産に算入する際の価額を固定することができる制度（固定合意）があります。

解　説

1 民法特例

(1) 概　要

2008年に施行された経営承継円滑化法では，生前に経営者から後継者へ贈与された株式を遺留分の対象から除外するなどの民法の特例が制定されています。民法特例は，経営者の推定相続人全員の同意を前提とし，経済産業大臣の確認と家庭裁判所の許可が必要です。

① 除外合意

後継者が旧代表者から贈与等された株式等について，遺留分を算定するための財産の価額に算入しない合意（＝除外合意）が可能となりました。

従来であれば，後継者が経営者より贈与を受けた株式について，後継者以外の相続人が後継者に対し，遺留分の減殺請求を行うことができましたが，除外合意を用いることにより，その除外合意の対象となった株式については，遺留

■除外合意

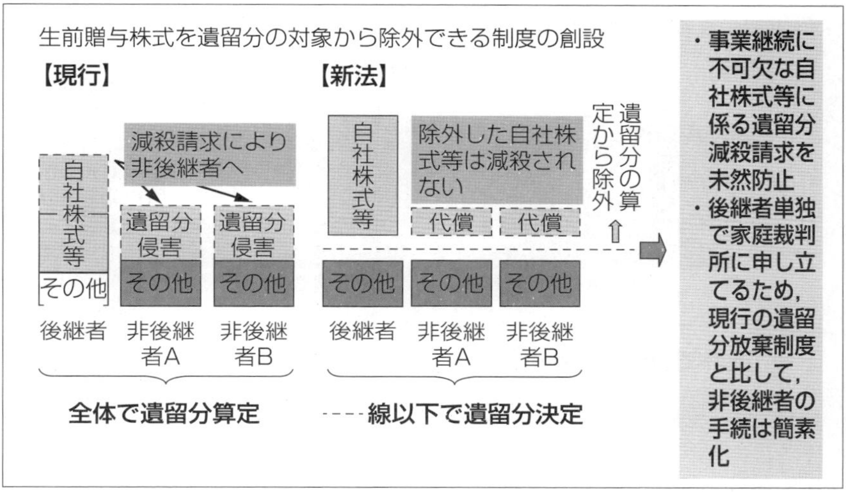

（出典：中小企業庁）

分の減殺請求はできないこととなりました。したがって，後継者は安定して事業を継続・発展させることができ，株式や議決権の分散化を防止することが可能となりました。

② 固定合意

後継者が旧代表者から贈与等された株式等について，遺留分を算定するための財産の価額に算入すべき価額を合意の時における価額とすること（＝固定合意）が可能となりました。

従来であれば，株式の贈与を受けた後継者が経営努力をして株式の評価額を上げる結果となった場合でも，遺留分の減殺請求を受けた際の計算の基礎となる金額として，相続発生時の評価額を使用することが求められるため，遺留分減殺請求を受ける価額が贈与当初より大きくなるという問題が生じていました。こちらに関しても，固定合意を用いることにより，株価上昇分が遺留分減殺請求の対象外となり，経営意欲を阻害する要因が排除されました。

■固定合意

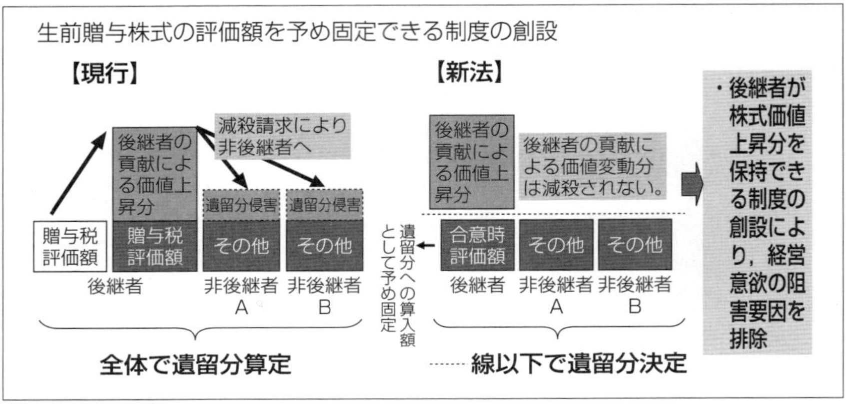

（出典：中小企業庁）

(2)　適用要件

遺留分に関する民法特例の制度を活用するためには，対象となる会社・先代経営者である旧代表者・後継者について，それぞれ一定の要件を満たす必要があります。

また，合意に関しては，①除外合意と②固定合意の双方，またはそのいずれか一方の合意を行う必要があります。これらの合意を行った場合には，それに併せて③付随合意（オプション）を付けることができ，付随合意には，後継者のための付随合意と非後継者のための付随合意の2種類があります。

(3)　手　続

遺留分の民法特例の効力は，経営者の推定相続人全員の合意後，経済産業大臣の確認申請ならびに家庭裁判所の許可を経て，生じることとなります。

合意については，書面（合意書）を作成することが必要です。

■民法特例の適用要件

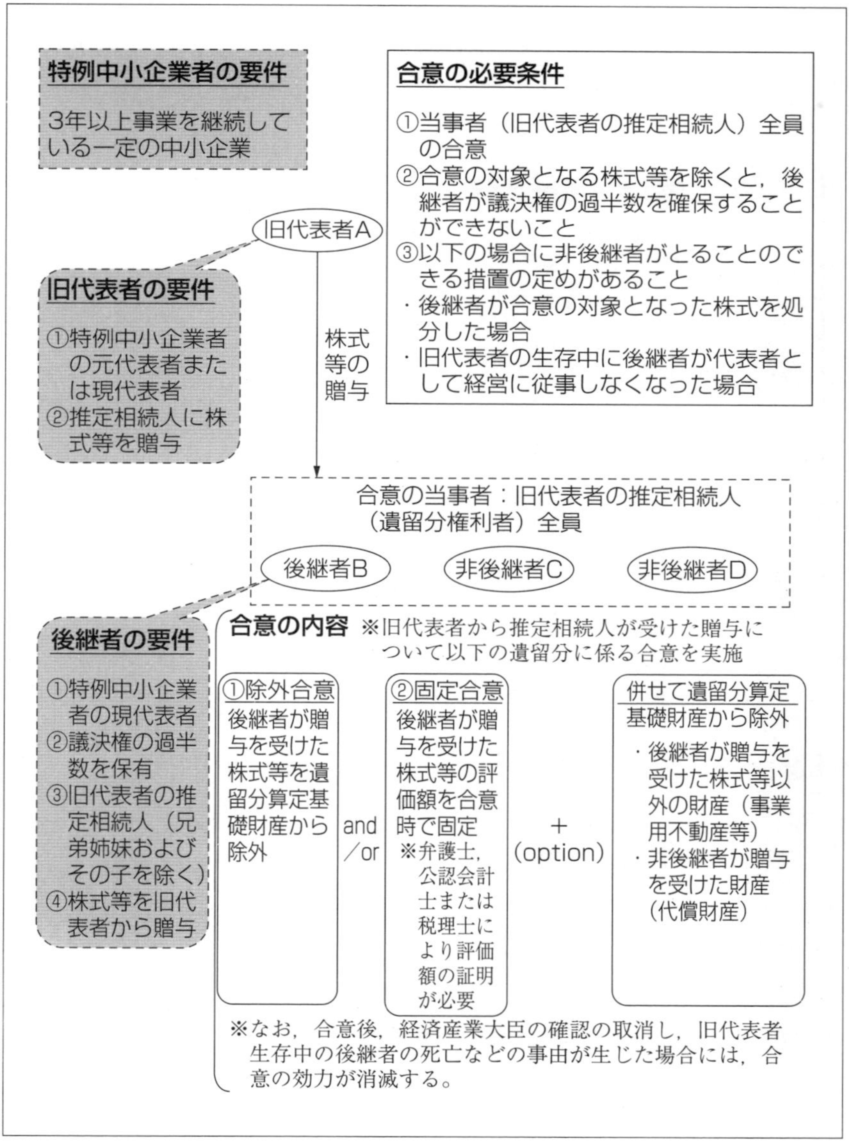
特例中小企業者の要件
3年以上事業を継続している一定の中小企業
合意の必要条件
①当事者（旧代表者の推定相続人）全員の合意
②合意の対象となる株式等を除くと，後継者が議決権の過半数を確保することができないこと
③以下の場合に非後継者がとることのできる措置の定めがあること
・後継者が合意の対象となった株式を処分した場合
・旧代表者の生存中に後継者が代表者として経営に従事しなくなった場合
旧代表者A
旧代表者の要件
①特例中小企業者の元代表者または現代表者
②推定相続人に株式等を贈与
株式等の贈与
合意の当事者：旧代表者の推定相続人（遺留分権利者）全員
後継者B
非後継者C
非後継者D
後継者の要件
①特例中小企業者の現代表者
②議決権の過半数を保有
③旧代表者の推定相続人（兄弟姉妹およびその子を除く）
④株式等を旧代表者から贈与
合意の内容 ※旧代表者から推定相続人が受けた贈与について以下の遺留分に係る合意を実施
①除外合意
後継者が贈与を受けた株式等を遺留分算定基礎財産から除外
and／or
②固定合意
後継者が贈与を受けた株式等の評価額を合意時で固定
※弁護士，公認会計士または税理士により評価額の証明が必要
＋(option)
併せて遺留分算定基礎財産から除外
・後継者が贈与を受けた株式等以外の財産（事業用不動産等）
・非後継者が贈与を受けた財産（代償財産）
※なお，合意後，経済産業大臣の確認の取消し，旧代表者生存中の後継者の死亡などの事由が生じた場合には，合意の効力が消滅する。

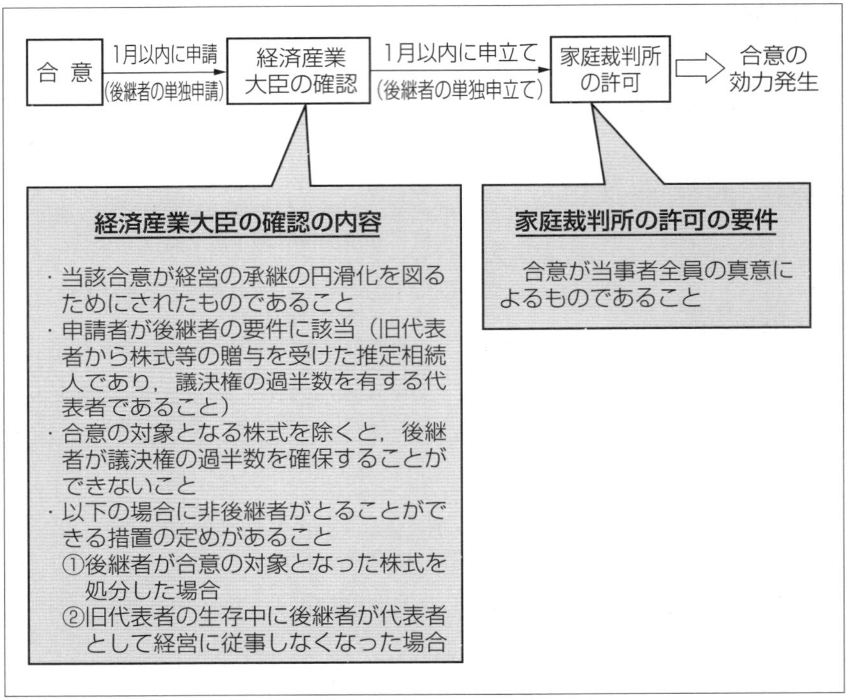
合 意
1月以内に申請
(後継者の単独申請)
経済産業大臣の確認
1月以内に申立て
(後継者の単独申立て)
家庭裁判所の許可
合意の効力発生
経済産業大臣の確認の内容
・当該合意が経営の承継の円滑化を図るためにされたものであること
・申請者が後継者の要件に該当（旧代表者から株式等の贈与を受けた推定相続人であり，議決権の過半数を有する代表者であること）
・合意の対象となる株式を除くと，後継者が議決権の過半数を確保することができないこと
・以下の場合に非後継者がとることができる措置の定めがあること
①後継者が合意の対象となった株式を処分した場合
②旧代表者の生存中に後継者が代表者として経営に従事しなくなった場合
家庭裁判所の許可の要件
合意が当事者全員の真意によるものであること

❷ 遺留分の放棄と遺留分に関する民法特例の比較

現行の民法においても，後継者以外の者が遺留分を事前放棄することによって，遺留分に関する争いを防止することが可能ですが，遺留分を放棄しようとする者が自ら家庭裁判所に申立てをする必要がある等手数がかかるため，現状ではほとんど利用されていません。

それに対し，遺留分に関する民法特例では後継者が一括して申請できることなどから，実効性においては優れているといえます。

■遺留分放棄と民法特例の比較

	遺留分の放棄	遺留分に関する民法の特例	
		除外合意	固定合意
手続をする者	遺留分を放棄する各人	後継者となる者が一括申請	
ポイント	・後継者以外の者にとってみると，手数等の負担が大きい割に，メリットが少ない ・遺留分を放棄した者とそうでない者の間に不公平感が残る ・遺留分の一部放棄も可能だが，特定財産の全てを放棄することも可能 ・各人が個々に手続をするため，家庭裁判所の許可が同時におりない	・株式のみに限定して遺留分の算定の基礎から除外できる ・株式以外の財産も遺留分の算定から除外できる	・遺留分の算定の際，株式の評価額が事前に確定できる ・遺留分の放棄や除外合意は合意が得られにくいが，固定合意は合意が得られやすい ・合意する株式の価額は弁護士・公認会計士・税理士等が証明する必要がある
効力の発生	家庭裁判所の許可	経済産業大臣の確認と家庭裁判所の許可	
実効性	△	○	◎

7　種類株式の活用

Q

事業承継対策として，種類株式の活用が有効と聞きましたが，具体的に教えてください。

A

会社法においては，譲渡制限株式以外に８種類の種類株式の発行が可能となっています。

事業承継対策としては，特につぎの種類株式の活用が有効です。

①　議決権制限株式

②　拒否権付株式（いわゆる黄金株）

③　取締役・監査役の選任権付株式

解　説

1 種類株式の種類

会社法で規定している種類株式の種類と概要は，つぎのとおりです（会社法108）。

なお，公開会社でない会社では，例えば，頭数による１人１議決権や，持株比率にかかわらず株主全員同額の配当制度など，株主ごとに，①剰余金の配当に関する定め，②残余財産の分配に関する定め，③株主総会における議決権に関する定め，を定款に定めることができます（会社法109）。

■種類株式の種類と概要

種　類	概　要
取得条項付株式	会社が「一定事由（例：発行後 1 年経過，株主の相続，新株発行，解散等）が生じたことを条件として，株主から株式を取得することができる株式。 自己株式の取得対価として，金銭以外の財産も可能。 一定事由については，定款で定める。
全部取得条項付株式	2 種類以上の種類株式を発行している場合に，会社がそのうちの 1 種類の株式の全部を株主総会の特別決議によって取得することができる株式。
取得請求権付株式	株主が発行会社に対して株式の取得請求をすることができる株式。 取得の対価は，社債，株式その他の財産で定款に定めたもの。無償取得も可能。株式以外の財産を対価として交付する場合には，剰余金の分配可能額の範囲内である必要あり。
拒否権付株式（黄金株）	株主総会等の決議事項のうち「一定の事項」の決議に対し，拒否権を持つ株式。「一定事項」としては，合併等の組織再編・定款変更・解散等の重要事項のほか，役員の選任等の拒否権も定款で定めることができる。
取締役・監査役の選任権付株式	その種類株式単独で，取締役・監査役を選任する決議ができる株式。委員会設置会社と公開会社は，この株式を発行することができない。たとえば，出資比率の低いベンチャー企業でも，役員を選任確保し，経営に対する影響力を保持できる。
議決権制限株式	株主総会における議決権について，一部の議案または全部の議案で議決権を制限することができる株式。公開会社でない会社では発行限度なし。公開会社での発行限度は，発行済株式数の 2 分の 1 以下。
配当優先（劣後）株式	配当の金額を普通株式より優先（または劣後）させる株式。優先（または劣後）させる金額はあらかじめ規定しておくが，完全に残余財産分配権を取り去ることはできない。
残余財産優先（劣後）株式	解散時などの残余財産の分配金額を普通株式より優先（または劣後）させる株式。優先（または劣後）させる金額はあらかじめ規定しておくが，完全に残余財産分配権を取り去ることはできない。

2 事業承継対策として有効な種類株式

(1) 議決権制限株式

同族会社の経営者は自分の財産の大部分を会社経営に投入してしまい，結果的に財産のほとんどが自社株式というケースが多くみられます。このような場合，経営者の相続があった際，経営権を巡っての争奪戦に発展しかねないことから，生前に遺言もしくは贈与・譲渡等で後継者候補に経営権を集中する仕組みを整えておくことが重要です。

その場合の仕組み作りに有効な手段として種類株式の発行があり，中でも後継者候補に議決権を集中させるため，後継者候補以外の者へ承継させる株式に議決権制限をつけた上記1の表の議決権制限株式の利用が有効です。議決権制限株式を会社側で新たに発行する場合，株主総会の特別決議（議決権の過半数を有する株主が出席し，出席した株主の議決権の3分の2以上の賛成）にて定款変更を行う必要があります。

後継者以外の者に議決権を制限した株式を承継させるのであれば，経営権を後継者へ集中させるため，完全無議決権株式の活用もさらに効果的です。

また，親族間の「公平」を意図するのであれば，議決権がないかわりに，配当を厚くした株式，すなわち配当優先無議決権株式を後継者候補以外の者へ承継させ，議決権のある普通株式を後継者へ集中させることも，承継方法のひとつとして有効です。

(2) 拒否権付株式

(1)の議決権制限株式を利用するなどして，後継者に議決権を集中してしまった場合，万が一，後継者が独断専行の経営を行うようなことがあっても，既に議決権をもたない前経営者にはそれを止める有効な手段を持たないことになるため，後継者への議決権の大幅な集中には，一抹の不安が残るということもあるかもしれません。

こうした万が一の事態を回避するため，種類株式のうち，拒否権付株式を発行し，これを前経営者が1株でも保有しておくことによって，後継者の経営を牽制できる余地を残しておくことも可能です。

拒否権付株式とは，上記1の表のとおり，「一定の事項」の決議に対し，拒否権を有する状態となるため，その効力の大きさから「黄金株」とも呼ばれます。拒否権の内容をどのように設計するかについては，定款により自由に定めることができますが，後継者の実質的な経営権を確保するため，重要事項に限定すべきと考えます。

また，前経営者が所有したまま相続が発生すると，拒否権付株式を巡っての親族間争いを避けるためにも，後継者に信頼がおけるようになったら，そのタイミングで後継者に贈与をする，もしくは，遺言で後継者に拒否権付株式を相続させる等，後継者の今後の経営権を阻害しないよう配慮が必要です。

(3) 取締役・監査役の選任権付株式

取締役・監査役の選任権付株式は，取締役・監査役の選任を当該種類株主総会によって行うことが可能であり，また，選任だけでなく，解任の決定もできます。この株式は，拒否権付株式と同様，お目付役が保有することによって効果的な経営監視が可能となることから，事業承継対策の一つとして有効です。

事業承継の場面においては，後継者が現経営者である父よりすべての普通株式を承継した後でも，父が取締役・監査役の選任種類株式を保持することにより，役員等の選任権を掌握できるため，後継者による経営の暴走を抑制・牽制する効果があります。

3 種類株式の導入方法

種類株式を導入するには，以下の２つの方法があります。

(1) 新規に発行する方法

株主総会の特別決議（議決権の過半数を有する株主が出席し，出席した株主の議決権の３分の２以上の賛成）により定款変更（発行可能種類株式総数および発行する各種類の株式の内容を定める）を行った後，新規に種類株式を発行します。

(2)　既発行株式の一部を種類株式に変更する方法

会社法に明文して認められている方法ではありませんが，登記実務（先例）・解釈により認められている方法です。手続要件が厳格ですが，この方法を用いますと特定の者の有する株式のみを種類株式に変更することが可能となります。

株主総会の特別決議（議決権の過半数を有する株主が出席し，出席した株主の議決権の３分の２以上の賛成）により定款変更（発行可能種類株式総数および発行する各種類の株式の内容を定める）を行った後，「種類株式への変更を希望する株主と会社との合意」と「種類株式への変更を希望する株主以外の他の株主全員からの同意」を得ることで既発行株式の一部を種類株式に変更します。

8 相続人に対する株式の売渡請求

Q

「相続によって会社の株主として好ましくないと考えられる者が株式を保有してしまう」という問題を解決することが可能になったと聞きましたが，具体的な内容，手続などを教えてください。

A

会社法では，定款に定めを設けることにより，譲渡制限株式を承継した相続人等に対して，会社がその株式の売渡しを請求できるようになりました。

財源規制や行使期間が設けられていますが，売渡しに際して，承継した者の合意を必要とせず，会社が強制的に買い取ることが可能ですので，会社にとって好ましくない者が株主になることを防止できます。

解　説

1 相続人に対する株式の売渡請求とは

会社法を活用することにより，相続によって会社の後継者として好ましくないと考えられる者や敵対的相続人が株式を保有してしまうという問題を解決することが可能となりました。この制度は，譲渡制限株式について，定款に売渡請求に関する定めを設けることにより，会社からの一方的な請求で株式を取得することができるというもので（会社法174），後継者の経営権確保にも大きな効果が期待できます。

ただし，定款に売渡請求の定めを設けてしまうと，少数株主である他の経営陣が，オーナー経営者の相続発生時に，経営者の相続人に対し，株式の売渡請求を行う恐れがあります。これは，株主総会において，売渡請求の決議をするときには，売渡請求を受けた株主（相続人）は議決権を行使することができないためです（会社法175②)。このような本制度が裏目となるリスクを回避するために，定款に売渡請求の定めを設ける際，同時に，株式の売渡し請求をされては困るオーナー経営者の所有する株式についてのみ，譲渡制限を解除するなどの事前の検討が必要です。

2 売渡請求手続の概略

(1) 手続の流れ

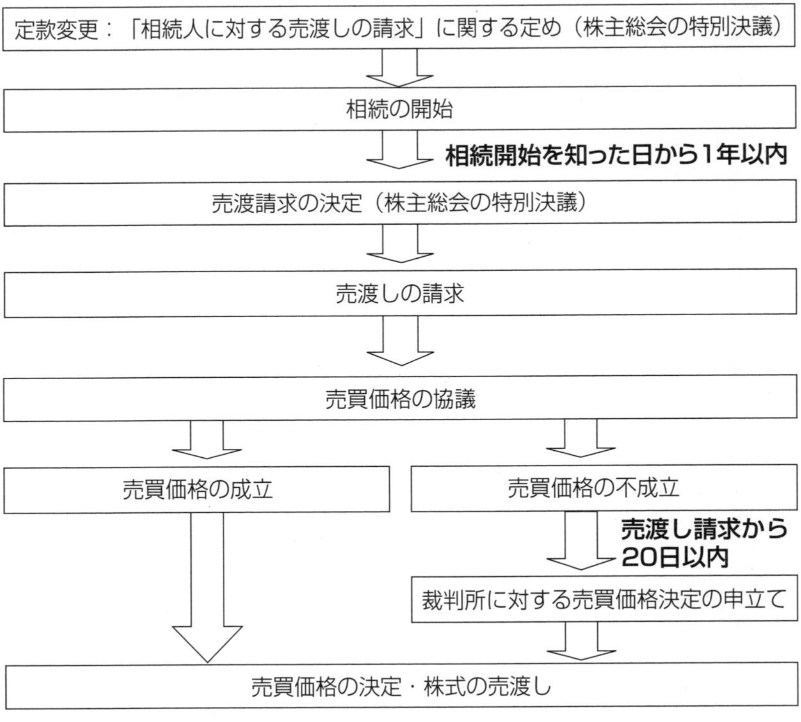

(2) 売渡請求に関する定款の定め

対象株式は譲渡制限株式に限られ，まず定款変更により，その定めを設けることが必要です。なお，売渡請求に関する定款の定めは，相続発生後に定めた場合でも行使可能できます。

【定款記載例】
第○条　当会社は，相続その他一般承継により当会社の株式を取得した者に対し，株主総会の決議をもって，当該株式を当会社に売り渡すことを請求することができる。

(3)　売渡請求の決定

株主総会の特別決議（議決権を行使することが株主総会の特別決議（議決権を行使することができる株主の議決権の過半数を有する株主が出席し，出席した当該株主の議決権の3分の2以上の賛成））をもって，つぎの事項を定めます（会社法175①，309②三）。なお，売渡しの請求を受けた者は，本総会において，議決権を行使することができません（会社法175②）。

① 売渡請求をする株式の種類および数
② 売渡請求対象となる株式を有する者の氏名または名称

(4)　売渡請求の行使期間

売渡請求は，会社が「相続があったことを知った日」から1年以内に行使する必要があります（会社法176①）。

「相続があったことを知った日」とは，株式の売渡しの請求となった株式に係る株主と会社の代表者とが特別の人的関係を有する場合を除いては，会社は通常の株主に相続等があったことを知り得る状況にないと考えられることから，会社が株主について相続等があったことを知り，または知り得べき状況にある場合を除いて，株主名義書換請求時点と判定されます。

(5)　売渡価格の決定

原則は，会社と売渡請求を受けた者の協議により決定します（会社法177①）。

当事者間の協議が整わない場合には，売渡請求の日から20日以内に裁判所に対し，売買価格決定の申し立てをしない限り，売渡請求が失効します。売渡価格とは，裁判所が売渡請求時における会社の資産状況その他一切の事情を考慮して決定した価格をいいます。

3 財源規制

売渡請求は，自己株式取得における分配可能利益額の範囲内でのみ行うことができます（会社法461①五）。そのため，定款に定めを設けても，純資産の部の状況から実行不可能な場合があります。また，会社から相続人に対する株式の売渡しの請求段階においては，株式の数（種類株式発行会社にあっては，株式の種類および種類ごとの株式の数）だけで価格までは決定する必要はないので（会社法175①），会社が売渡しの請求を希望する株式の数だけ請求し，売買価格の決定段階で財源規制の適用により，売渡しの請求の一部を撤回することになるケースも考えられます。

4 株式を売渡した者の課税関係

個人が株式をその発行会社に売却した場合，原則的には売買価格のうち，その発行会社の資本金等の額を超える部分の金額は配当所得（みなし配当）となります。しかし，相続により非上場株式を取得した個人が，その非上場株式を発行会社に譲渡した場合には，みなし配当の適用はなく，その全額が分離課税となる株式の譲渡所得に該当します（措法9の7）。

なお，この特例はつぎの要件を満たす場合に適用することができます。また，同じ条件を満たすことにより，相続財産を譲渡した場合の取得費加算の特例の適用も可能です（措法39①）。

①　相続・遺贈により財産を取得した個人で納付すべき相続税額があること

②　相続・遺贈により取得した非上場株式を，相続開始の翌日から相続税の申告期限の翌日以後3年以内に，発行会社へ譲渡すること。

9 種類株式の評価

Q 種類株式は税務上，どのように評価すればよいのでしょうか。

A 種類株式のうち，事業承継においてその活用が期待されるつぎの三類型の種類株式については，評価方法が明確化されています。

① 配当優先の無議決権株式

② 社債類似株式

③ 拒否権付株式

解　説

1 種類株式の評価

相続税法上，種類株式の評価方法は明確ではありませんでしたが，中小企業庁の種類株式に関する評価方法の照会に対し国税庁が回答し，さらにそれを情報の形で一般に公開しました（平成19年3月9日付情報，平成19年4月2日公表)。

中小企業庁からの照会が，今後活用が期待される同族会社の事業承継に関連する三類型の種類株式に限定していたことから，回答もそれに関するものだけとなっています。

(1) 配当優先の無議決権株式の評価方法

① 配当優先株式の株式評価

a 類似業種比準方式により評価する場合

財産評価基本通達183（評価会社の1株当たりの配当金額等の計算）の(1)に定める「1株当たりの配当金額」は，株式の種類ごとに計算して評価する。

b　純資産価額方式により評価する場合

配当優先の有無にかかわらず，財産評価基本通達185（純資産価額）の定めにより評価する。

②　無議決権株式の評価

a　原則

議決権の有無を考慮せず，普通株式と同様に評価する。

b　例外

納税者が選択すれば，通常の評価額から5％を控除することができる。ただ，この場合には控除する5％の価額を他の株主の株価に加算しなければならない。

この調整計算を選択するには，つぎの条件を満たす必要があります。

■調整計算の条件

・対象となる株式について，相続税の法定申告期限までに遺産分割協議が確定していること。
・相続税の法定申告期限までに，対象となる株式を取得したすべての相続人から「無議決権株式の評価の取扱いに係る選択届出書」が所轄税務署長に提出されていること。
・相続税の申告にあたり，評価明細書に無議決権株式および普通株式の算定根拠を適宜の様式に記載し，添付していること。

■調整計算の算式

無議決権株式の評価額（単価）＝A×0.95

議決権のある株式への加算額（X）＝(A×無議決権株式の株式総数（注1）)×0.05

議決権のある株式の評価額（単価）＝(B×議決権のある株式の株式総数（注2）＋X)÷議決権のある株式の株式総数

A……調整計算前の無議決権株式の1株当たりの評価額

B……調整計算前の議決権のある株式の1株当たりの評価額

（注1）「株式総数」は，同族株主が当該相続または遺贈により取得した当該株式の総数をいう（配当還元方式により評価する株式および社債類似株式を除く）

（注2）「A」および「B」の計算において，当該会社が社債類似株式を発行している場合は，議決権のある株式および無議決権株式を評価した後の評価額

■無議決権株式の評価における調整計算の計算例

前提：相続人3名（長男・次男・長女）が被相続人所有の株式30,000株を相続した。

長男　普通株式　10,000株

次男　無議決権株式　10,000株

長女　無議決権株式　10,000株

※無議決権株式には，配当優先はなし

1．原則による場合

無議決権株式の評価額　1株3,000円

普通株式の評価額　1株　3,000円

長男　普通株式　3,000円×10,000株＝30,000千円

次男　無議決権株式　3,000円×10,000株＝30,000千円

長女　無議決権株式　3,000円×10,000株＝30,000千円

2．調整計算による場合

調整計算の条件はクリアしているものとします。

無議決権株式　1株3,000円×5％＝150円

1株3,000円－150円＝2,850円

長男に対する普通株式の評価額への加算額

150円×20,000株＝3,000千円

長男　普通株式　3,000円×10,000株＋3,000千円

＝33,000千円

次男	無議決権株式	2,850円×10,000株＝28,500千円
長女	無議決権株式	2,850円×10,000株＝28,500千円

(2) 社債類似株式の評価方法

① 社債類似株式の評価

つぎの条件を満たす株式は，その経済的実質が社債に類似していると認められることから，財産評価基本通達197-2（3）の利付公社債の評価に準じて発行価額により評価する。ただし，株式であることから既経過利息に相当する配当金の加算は行わない。

■社債類似株式での評価条件

・配当金については優先して分配する。
　また，ある事業年度の配当金が配当優先金に達しないときは，その不足額は翌事業年度以降に累積することとするが，優先配当金を超えて配当しない。
・残余財産の分配については，発行価額を超えて配当しない。
・一定期日において，発行会社は本件株式の全部を発行価額で償還する。
・議決権を有しない。
・他の株式を対価とする取得請求権を有しない。

② 社債類似株式を発行している会社の社債類似株式以外の株式の評価

社債類似株式を発行している会社の社債類似株式以外の株式の評価をするときは，社債類似株式は社債であるものとして，つぎのように評価します。

■類似業種比準方式により評価する場合

・1 株当たりの資本金等の額等の計算
　社債類似株式に係る資本金等の額および株式数はないものとして計算する。
・1 株（50 円）当たりの年配当金額（Ⓑ）
　社債類似株式に係る配当金はないものとして計算する。
・1 株（50 円）当たりの年利益金額（Ⓒ）
　社債類似株式に係る配当金を費用として利益金額から控除して計算する。
・1 株（50 円）当たりの純資産価額（Ⓓ）
　社債類似株式の発行価額は負債として簿価純資産価額から控除して計算する。

■類似業種比準方式により評価する場合

・社債類似株式の発行価額の総額を負債（相続税評価額および帳簿価額）に計上する。
・社債類似株式の株式数は発行済株式数から除外する。

(3)　拒否権付株式の評価方法

拒否権付株式については，拒否権の有無にかかわらず，普通株式と同様に評価することとされました。

10 信託の活用

Q

後継者に経営権を集中させる方法の一つとして信託があると聞きましたが，具体的に教えてください。

A

平成 19 年に施行された改正信託法においては，その立法過程において事業承継の円滑化のための信託の活用ニーズが主張されたことを踏まえて，後継ぎ遺贈型受益者連続型信託や遺言代用信託を始めとする，中小企業の事業承継の円滑化に活用可能な信託の類型が創設または明確化されました。

中小企業の事業承継の円滑化を目的とする信託には，①事業承継の確実性・円滑性，②後継者の地位の安定性，③議決権の分散化の防止，④財産管理の安定性などといった面でメリットがあると考えられます。

解　説

1 受益者連続型信託

(1) 概　要

受益者連続型信託とは，受益者の死亡により，その受益者の有する受益権が消滅し，他の者が新たな受益権を取得する旨の定めのある信託をいいます。有効期限は，信託がされた時から 30 年を経過した時以降に新たに受益権を取得した受益者が死亡するまで，または信託が消滅するまでとされています（信託法 91）。

例えば，自社株式に対して信託を設定し，現経営者の死亡後は次男を受益者とし，次男の死亡後は長男の子供を受益者にという形で承継させることができます。信託法上は，次男の死亡時には委託者である現経営者から孫に直接移転されたものとされます。

(2) メリット

① 子の世代だけではなく，孫の世代の後継者についても，現経営者の意志で決定することが可能です。

② 遺留分の適用上，第1受益者の死亡により第2受益者が取得する受益権は，遺留分算定基礎財産に算入されないとする考え方があります。

(3) 税務上の取扱い

税務上は，第1受益者の課税と，第2受益者以降の課税とに分けて規定されています。

① 第1受益者の課税

第1受益者に対しては，その信託の効力が生じた時において，信託に関する権利を委託者から贈与により取得したものとみなされて，贈与税が課税されます。また，委託者の死亡に基因してその信託の効力が発生する場合には，遺贈として相続税が課税されます（相法9の2①）。

② 第2受益者以降の課税

第2受益者以降に対しては，第2受益者が新たに受益者になった時に，その信託に関する権利を第1受益者であった者から贈与により取得したものとみなされて，贈与税が課税されます。第1受益者の死亡に基因する場合には，遺贈として相続税が課税されます（相法9の2②③）。

(4) 信託に関する権利の評価

① 信託受益権の評価の原則

信託の利益を受ける権利の評価は，つぎのようになります（財基通202）。

a 元本と収益の受益者が同一人である場合

信託財産の価額

b　元本と収益の受益者が元本および収益の一部を受ける場合
　信託財産の価額にその受益割合を乗じて計算した価額

c　元本の受益者と収益の受益者が異なる場合
　元本受益権の価額＝信託財産の価額－収益受益権の価額
　収益受益権の価額＝将来受けるべき利益の現在価値合計額

②　受益者連続型信託の特例

受益者連続型信託の元本の受益者と収益の受益者が異なる個人である場合，信託に関する権利の価額は，つぎのようになります。ただし，受益者に法人が含まれる場合は，①の原則になります（相法９の３①，相基通９の3-1）。

元本受益権＝零

収益受益権＝信託財産の全部の価額

■受益者連続型信託

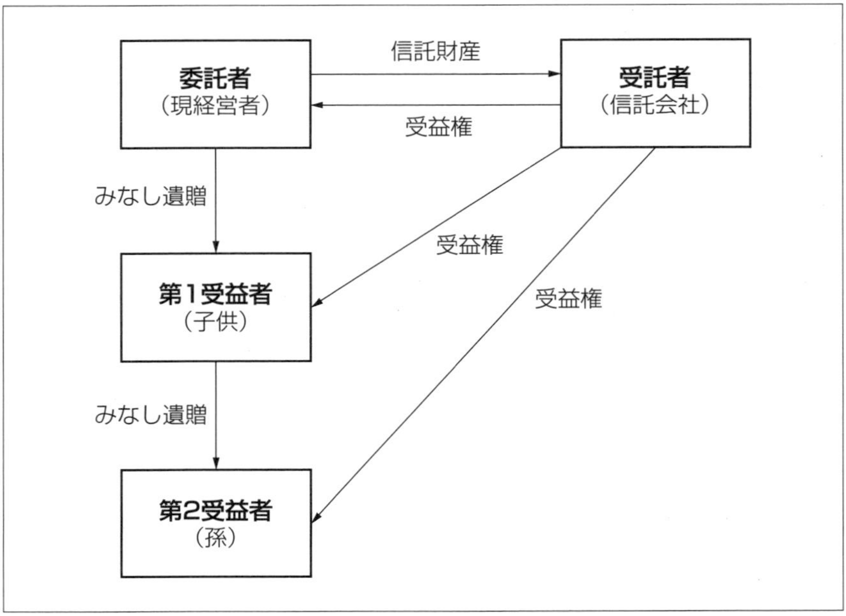

2 遺言代用信託

(1) 概　要

遺言代用信託とは，委託者の死亡の時に受益者となるべき者として指定された者が受益権を取得する旨の定めのある信託，および委託者の死亡の時以後に受益者が信託財産に係る給付を受ける旨の定めのある信託をいい，受益者は委託者が死亡するまでは，受益者としての権利を有しないことが特徴です（信託法90）。

現経営者（委託者）がその生前に，自社株式を対象に信託を設定し，信託契約において，自らを当初受益者とし，経営者死亡時に後継者が受益権を取得する旨を定めることができます。

(2) メリット

① 現経営者は，その生存中は引き続き経営権を維持しつつ，あらかじめ，死亡時に後継者が受益権を取得する旨を信託契約に定めることにより，後継者が確実に経営権を取得できます。

② 自社株式を対象に信託を設定することにより，受託者が株主としてその自社株式を管理することになるため，現経営者が第三者に自社株式を処分してしまうリスクを防止することができ，後継者への事業承継を安定的かつ確実に行うことができます。

③ 遺言と比較して，遺言執行には時間がかかり経営上の空白期間が生じる恐れがありますが，信託の場合，後継者は相続開始と同時に受益者となるため，経営上の空白期間が生じません。

(3) 税務上の取扱い

その信託の効力が生じた時＝委託者の死亡の時において，受益者が信託に関する権利を委託者から遺贈により取得したものとして相続税が課税されます（相法9の2①）。

■遺言代用信託

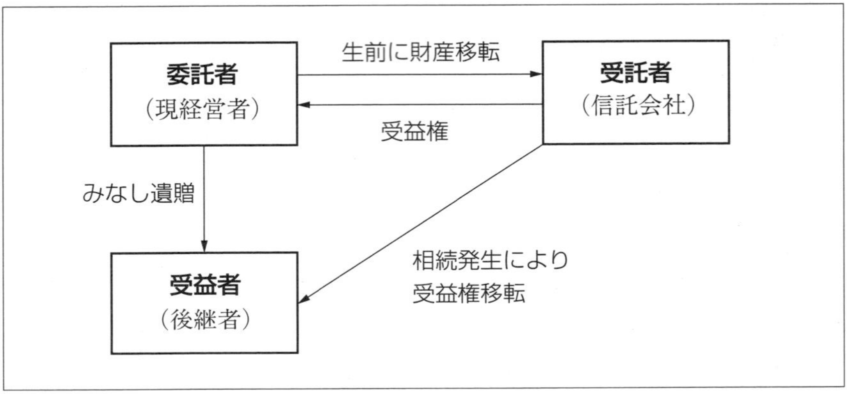

参考文献：「信託を活用した中小企業の事業承継円滑化に関する研究会における中間整理」中小企業庁

11 後継者計画

Q

後継者へ経営の移行を考える際，どのように計画していけばよいか教えてください。

A

会社の経営資源（ヒト・モノ・カネ）の現状と課題を把握したうえで，後継者候補をリストアップし，後継者および承継方法を決定します。後継者を決めたら，タイムスケジュールを含めた事業承継計画を作成し，関係者へ通知を行い，後継者として必要な知識や経験を積ませるための後継者教育を行います。

解説

1 後継者の選定

後継者の選定は，事業承継計画のうち最重要事項です。後継者の選定に失敗しますと，どんなに順調な会社でもあっという間に経営難に陥ることもあります。また，親族内のコミュニケーションが不足していると，長男を後継者と決めて承継を始めた後になって，実は長男には他にやりたい事があり，次男の方が経営者に適していたなどといった事実が判明することもあります。

中小企業の場合，多くの経営者が後継者の候補として考えるのは，まずは親族で，親族の中でも子供がいる場合は子供が，さらに子息がいる場合は子息が中心となります。子供への承継は，子供に後継者としての資質と自覚があれば，周囲の理解も得られやすいでしょう。子供がいない場合や，子供に後継者としての資質や自覚が備わっていない場合には，他の親族の中から後継者の候補者を探すことになります。親族に適切な人がいない場合には，社内や外部から人材を探すことになります。

後継者選定の際のポイントは，つぎのとおりです。

① 事前に，親族間の理解を得ておくこと

承継する意思が無いと思っていた親族が，後から突然承継したいと言いだすことも考えられます。事前に親族の意向をよく確認しておくことが必要です。

② 後継者の決定は，現経営者が現役のうちに行っておくこと

現経営者に発言権・決定権がある間に後継者を決定しておくことによって，後継者が社長となった後もその経営を見守ったり，段階的に権限を委譲することが可能になります。候補者が複数いる場合には，早期の後継者決定は，後のトラブル回避にもつながります。

2 関係者の理解

後継者を決定した後は，社内の役員や従業員，取引先・銀行などの関係者へ説明し，理解を得ることが重要です。

その際，事業承継計画を公表することによって関係者の理解を得られやすくなります。社内では，後継者を含めた将来の役員構成を視野に入れて，役員・従業員の世代交代を準備しておきます。

3 後継者教育

後継者を選定した後には，後継者として必要な知識・経験・リーダーシップなどを身につけさせるために，計画的に後継者教育を行う必要があります。

(1) 社内での教育の例

① 社内部署のローテーション

社内の主要な部署で経験を積むことによって，会社全般の業務プロセスや長所・短所を理解させ，必要な知識・技能などを修得させます。

② 幹部として経営参画

役員などの責任ある地位に就けて，経営上の意思決定や対外的な交渉などを任せることにより責任感，使命感を身につけさせ，リーダーシップを発揮する機会を与えます。

③ 現経営者による指導

自社の経営理念，経営上必要な知識やノウハウを伝授したり，日々の経営上の意思決定などの際に，ノウハウ，現経営者が直接指導・助言することによって・経営者に必要な知識やマネジメント能力を承継させます。

(2) 社外での教育の例

① 他社での勤務経験

他社で勤務することにより，会社の組織や人の意識・行動などを客観的に見聞きする体験は将来の会社経営に役立ち，また，新たな人脈を形成することにも役立ちます。

② セミナー等の活用

後継者を対象とした外部のセミナーに参加させることにより，知識全般の習得や幅広い視野の育成が期待できます。

12 ハッピーリタイアメント計画

Q 後継者へ経営を移行した後のオーナーのポジショニングや退職後の人生設計についてのポイントを教えてください。

A 親族内事業承継においては，中長期的なリタイアメントプランをしっかりと立てて，取り組むべき問題と対策を計画化し，早めに取り組むことが現経営者および後継者双方にとってのハッピーリタイアメントの秘訣と言えます。

「誰とどこでどんな風に暮らすか」ということが，「リタイアメントプラン」のキーポイントになります。「老後の不安解消」ではなく，「いかに人生を楽しむか」が大切です。

また，社長退任後に会長職や顧問職に就くケースでは，会長職などを退職する時期を明確にしておくことと，報酬の問題にも気をつける必要があります。

解　説

1 リタイアメントプランの作成

事業承継計画の立案と並行して，経営者の退職後の第二の人生プランを立てることが重要です。特に創業者には，「会社」＝「人生」で，仕事をリタイアすると，何をして良いかわからず，急に元気がなくなってしまう方も多いのが現実です。平均寿命が80歳を超える昨今，残りの人生を楽しく元気に過ごす工夫が大切です。

リタイアメントプランでは，「いかに暮らし，人生を楽しむか」ということをポイントに，趣味や旅行なども含めた自分らしい生き方の絵を描いてみます。そのために必要な資金を見積もり，公的年金も含め今後の収支を予測します。生活資金の確保のみならず，医療・介護等への準備もできているかを確認することが重要です。

退職後の資金については，会社からの退職金の受領，後継者への自社株譲渡，個人名義の会社の事業用資産を会社や後継者に売却などによって確保できます。

2 退職後の会社でのポジション

社長職を後継者にバトンタッチした後も，後継者からの要望や退職後の生活資金確保などのため，会長や顧問に就き，徐々に引退するケースも考えられます。この場合でも，会長職や顧問職から引退する時期をあらかじめ明確にしておくことが重要です。時期を明確にせず，会長職等に留まり続けた場合，後継者がいつまでも現経営者を頼りにしたり，他の役員・従業員が社長よりも会長を重視する，といった経営上の弊害が生じる可能性があります。

報酬は後継者や関係者の納得のうえで設定しておくことによって，報酬に対する不満から生じる様々なトラブルを防ぐことができます。

社長職の退職に伴って支給する退職金の取扱いについては，社長職を辞したあとも引き続き会社に残る場合には退職所得として認められるために，つぎの要件を満たしておく必要があります（法基通 9-2-32，所基通 30-2）。

① 非常勤役員や監査役になること（ただし，代表権のある者および実質的にその法人の経営上主要な地位を占めていると認められる者を除く）

② 分掌変更後の報酬がおおむね 50 %以上減少していること

3 個人保証・財産問題

ファミリー企業では，金融機関からの借入に際し会社の資産だけでは担保として不十分なため，経営者が個人保証を行っているケースが多くあります。また，経営者の個人資産を会社が借り受け，事業資産として使用するケースもよく見受けられます。会社の財政状態と経営者の個人資産の現状をチェックして，これらの問題の解決を図ることも必要です。

仮に後継者が相続したとしても，つぎの相続の際には同じ問題が生じるため，可能であれば正当な対価を払って会社が買い取ることが望ましいでしょう。

13 一家の信条・理念

Q

承継にあたり，家族の信条を共有することが重要と聞きましたが，信条・理念などを考える上でのポイントを教えてください。

A

家族の信条・理念を「家訓」や「社訓」という形で，家族や会社関係者と共有しておくことは，事業承継時における親族の対立の防止につながり，承継後，後継者が会社経営するうえで考え方の礎となります。信条・理念は家族の中核の考えとして，代々受け継がれるべきであり，明文化されていない場合には，文章に残しておき，中身を具現化することが重要です。

解　説

1 信条・理念の文章化・具現化

会社にかかわるファミリーの信条・理念を文章化して示し，家族のみならず従業員や顧客などの会社関係者へメッセージとして伝えることは，事業承継戦略上，重要です。

信条・理念は作成して飾っておくだけでは意味がありません。具現化して定期的にメンバーと認識の共有をし，また，年１回は見直しを行い，必要な場合には追加・修正を行うべきです。作成の際には簡潔で解りやすい文章を心がけましょう。他家を参考にするのも良いですし，先祖代々から伝わるしきたりや決まりのようなものがある場合，それらを文章で表現してみましょう。大切なことは，経営者の思いを自分で考えて具現することです。

2 ポイント・キーワード

日本においては，古くは公家や武家において，江戸時代以降は商家においても「家訓」として家族の信条・理念が作成され，今日まで数多く残っています。

いまも続く老舗の家訓には，現代においても参考となるエッセンスが多数盛り込まれています。つぎにいくつか有名な老舗の家訓の例をご紹介します。

〈キッコーマンの例〉

① 人として守るべき道徳は本なり，財は末なり。この本末を忘れてはならない。
② 家内の和合を心掛けよ。
③ 驕った贅沢な暮らしを慎み，質素倹約の美徳を発揮せよ。
④ 家業以外の事業に手を出してはならない。
⑤ 損をしないことが大きな賭けであると思え。
⑥ 競争は進歩の主因ではあるが，極端な道理にもとるような競争は避けよ。
⑦ 衛生を心掛け，食事は麦飯に汁一椀にせよ。使用人と同じ品に限る。
⑧ 規律を厳しくし，使用人を優遇せよ。
⑨ 私費を割いて公共事業に取り組め。しかし身分不相応の事をしてはならない。
⑩ 各自が蓄財のことをよく考え，常に不時の場合に備えよ。
⑪ 一年に二回親族会議を開くこと。その際，富の程度によって人のランクの上下を決めてはならない。貴ばなければならないのは人格である。

〈菊正宗酒造の例〉

① 父祖の業を専守すべし。
② 必ず投機的事業を避けよ。
③ 時勢を見抜いて商機を逃すな。
④ 主人は雇人と共に働け。
⑤ 勉めて公共事業に尽くせ。
⑥ 神仏を信仰する念を忘れるな。

⑦ 雇人はわが家族と思え。

〈高島屋の例〉

① 確実なる品を廉価にて販売し，自他の利益を図るべし。

② 正札掛け値なし。

③ 商品の良否は，明らかに之を顧客に告げ，一点の虚偽あるべからず。

④ 顧客の待遇を平等にし，いやしくも貧富貴賎に依りて，差等を附すべからず。

〈松屋の例〉

① 行状を慎む

② 家業に精勤す

③ 生活を倹約にす

④ 子弟の教育を重むず

⑤ 兄弟の友睦を全ふす

⑥ 投機冒険の業を禁ず

〈住友財閥の住友家の例〉

① 何にしても，世間の相場より安いものを持ってこられた場合，その素性がわからないようなものは，絶対に買ってはならない。そのようなものは盗品だと心得よ。

② どのような者にも，一夜の宿を貸してはならない。また編み笠一つでも預かってはならない。

③ 人の保証人になってはならない。

④ 掛け売りをしてはならない。

⑤ 人がどのようなことを言おうとも，短気を起こして言葉を荒げてはならない。落ち着いて重々しく話すこと。

〈三菱財閥の岩崎家の例〉

① 小事にあくせくする者は大事は成せない。ぜひとも大事業を行うという方針を取れ。

② 一度着手した事業は必ず成功させよ。

③ 決して投機的な事業を企ててはならない。
④ 国家的観念をもって，すべての事業に当たれ。
⑤ 誠をもって公に尽くさんとする真心は，瞬時も忘れてはならない。
⑥ 勤倹を心掛け，慈愛の心をもって人と接せよ。
⑦ よく人柄技能を鑑別し，適材を適所に用いよ。
⑧ 部下を優遇し，事業の利益はなるべく多く彼らに分け与えよ。
⑨ 創業は大胆に，事業は受け継ぐには小心で当たれ。

（参考文献：『商家の家訓』 監修者 山本眞功，発行者 小澤源太郎，青春出版社）

会社によっては，「家訓」をホームページ等に掲載し，会社の基本精神としてアピールしている場合もありますので，これらを参考にするのも良いでしょう。「家訓」「社訓」という呼称以外に，「家憲」「社是」などとする場合もありますし，英語で「クレド」と呼ぶこともあります。

つぎに，信条・理念を考える際のポイントおよびキーワードとなる項目を掲げます。

① 家族が会社に対して負う責任・リスクの範囲の限定
② 会社の長期継続発展に対する家族の責任
③ なぜ会社を大切に思うのか
④ 同族経営の良い点
⑤ 会社の経営者または所有者としての在り方
⑥ 別のファミリーメンバーに対してのそれぞれの義務
⑦ 家族と一緒に会社のメンバーとして働くということについて
⑧ 従業員に対する責任
⑨ 地域社会との関わり方
⑩ 行動規範（勤勉，正直，忠実，信頼，尊敬）
⑪ 伝統および信仰

14 株式承継の方法

Q

株式を承継させる方法とそれに関連する税について教えてください。

A

株式の承継方法としては，現経営者の生前に行う売買および贈与，生前に承継者を指名たうえでの相続があり，それぞれのケースでつぎの税金が課税されます。

売買の場合：株式の売主である現経営者に対して所得税

贈与の場合：株式の受贈者である後継者に対して贈与税

相続の場合：相続人である後継者に対して相続税

承継方法の選択に際しては，それぞれの方法のメリット・デメリット，承継時の株式の評価額および税金コストがいくらになるか，承継後の株式が値上がり傾向にあるかどうか，などを勘案して決定する必要があります。

解　説

1 売買による方法

(1) 課税関係

現経営者から後継者へ売買により株式を承継する場合，株式の売却により生じる譲渡益に対して，株式の売主である現経営者に所得税が課税されます。

株式の譲渡所得税＝(譲渡による収入金額－取得価額)×税率

税率は非上場株式の場合，一律 20％（国税 15％，地方税 5％）の分離課税になります。

(2)　手続のポイント

①　株式の評価を行い，売買価額を決定します。売買価額が時価相当額と異なる場合，その差額は贈与があったものとみなされます。売買価額＞時価の場合は売主に対して，売買価額＜時価の場合は買主に対して，贈与税が課税されます。

②　売買契約書を作成し，現実に売買代金の授受を行うことにより売買の事実を残しておきます。その際，売買代金の出所を明確にしておくことが必要です。

③　譲渡制限株式の場合，取締役会または株主総会（取締役会非設置会社の場合）の承認が必要です。

④　所得税の確定申告および納税が必要です。

(3)　メリット

①　現経営者の生前に，後継者との合意により承継が実現します。

②　売買代金が時価相当の場合は遺留分による制約を受けません。

　売買代金＜時価の場合で，売主および買主の双方が遺留分権利者に損害を加えることを知っていたときは贈与とみなされ，その差額が遺留分の制約を受けます（民法1039）。

③　同一年度に，他の含み損のある株式の譲渡とタイミングを合わせることにより，節税が図れます。

④　株式の評価額の上昇が見込まれる場合，評価額の低い時期に売買を行うことで節税が図れます。

(4)　デメリット

①　後継者に買取り資金が必要です。

②　株式の評価額が高い場合，売買代金および譲渡所得税が高額になります。

③　売却代金が現経営者の相続財産として残ります。

2 生前贈与による方法

(1) 課税関係

現経営者から後継者へ贈与により株式を承継する場合，譲り受けた後継者に対して贈与税がかかります。

贈与税額＝(贈与価格－基礎控除額 110 万円)×税率－控除額

(2) 手続のポイント

贈与を否認されないために，贈与の証拠を残しておくことが必要です。

① 贈与契約書を作成する。

② 贈与後に株主名簿記載事項の変更をする。

③ 基礎控除額を超える贈与を行い，贈与税の申告を行う。

④ 贈与後は受贈者の銀行口座に配当を支払い，受贈者が確定申告する。

(3) メリット

① 現経営者の生前に，後継者との合意により承継が実現します。

② 長年かけて少しずつ贈与を行うことで，節税が図れます。

③ 株式の評価額の上昇が見込まれる場合，評価額の低い時期に贈与を行うことで節税が図れます。

④ 相続時精算課税制度や事業承継税制の利用が可能です。

⑤ 納税資金を一時に準備できない場合，延納により納付することも可能です。

(4) デメリット

① 遺留分減殺請求の対象となる可能性があります。

② 所得税，相続税よりも税負担が高額になる可能性が大です。

③ 納税資金を準備する必要があります。

❸ 相続による方法

（1）　課税関係

現経営者から後継者へ遺言または死因贈与契約により株式を承継する場合，相続人である後継者に相続税がかかります。

（2）　手続のポイント

遺言，死因贈与契約が無効とならないよう注意が必要です。詳しくは Q4 をご参照ください。

（3）　メリット

① 贈与税に比べて税負担が少なくなります。
② 後継者は買取資金を調達する必要がありません。
③ 納税資金を準備できない場合，延納や物納制度を利用することができます。

（4）　デメリット

① 遺言や死因贈与契約は現経営者の生存中は，自由に撤回が可能なため後継者にとって安定性に欠けます。
② 遺留分の減殺請求がされた場合など，現経営者の意思と異なる承継が行われる可能性があります。
③ 納税資金を準備する必要があります。

15 非上場株式の評価

Q

株式を承継させる際，税務上どのように非上場株式を評価すればよいのでしょうか。

A

相続または贈与により非上場株式を承継させる場合には，財産評価基本通達 178～189-7 に従って評価します。

売買による承継の場合には，取引価額が時価と異なる場合，課税問題が生じます。その際に適用される時価は，所得税法および法人税法上の方法により評価した価額になります。

解　説

1 相続税法による評価方法

（1） 評価の概要

非上場株式を取得した株主が，その株式を発行した会社の経営支配力を持っている同族株主等に該当する場合は，原則的評価方法により評価します。

同族株主等以外の場合は，特例的評価方法である配当還元方式により評価（原則評価の方が低い場合は，原則法により評価）します（財基通 178，188-2）。

（2） 同族株主等の判定

同族株主等とは，つぎの株主をいいます（財基通 188）。

① 株主および同族関係者の保有する議決権割合が 50 %超である場合のその株主および同族関係者

② ①の株主グループがいない場合に，株主および同族関係者の保有する議

決権割合が30％以上である場合のその株主および同族関係者

③ ①および②の株主グループがいない場合に，株主および同族関係者の保有する議決権割合が15％以上である場合のその株主および同族関係者

④ 「中心的な同族株主」がいる場合

②に該当する場合であっても，他に「中心的な同族株主」が存在し，株式取得後のその株主の保有議決権割合が5％未満であり，かつ，その株主を中心に判定した結果，「中心的な同族株主」に該当しない場合は，同族株主等に該当しません。ただし，役員（平取締役は除きます）をしている場合には同族株主等に該当します。

「中心的な同族株主」とは，本人，配偶者，直系血族，兄弟姉妹，一親等の姻族（これらの者の同族関係者である会社のうち，これらの者の保有議決権割合が25％以上である会社を含みます）の保有議決権割合が25％以上となる株主をいいます。

⑤ 「中心的な株主」がいる場合

③に該当する場合であっても，他に「中心的な株主」が存在し，株式取得後のその株主の保有議決権割合が5％未満の場合には，同族株主等に該当しません。ただし，役員（平取締役は除きます）をしている場合には同族株主等に該当します。

「中心的な株主」とは，その株主が属する株主グループの保有議決権割合が15％以上であり，かつ，その株主本人の保有議決権割合が10％以上である株主をいいます。

(3) 原則的評価方法

① 会社規模による評価方法の判定

評価する株式の発行会社を，従業員数，総資産価額および売上高により大会社，中会社（大・中・小），小会社に区分し，それぞれつぎの方法により評価します（財基通179）。

■会社規模による評価方法

<table>
<tr><th colspan="2">評価会社</th><th colspan="2">評価方法（どちらか有利な方を選択可）</th></tr>
<tr><td colspan="2">大会社</td><td>類似業種比準価額方式</td><td rowspan="5">純資産価額方式</td></tr>
<tr><td rowspan="3">中会社</td><td>中会社の大</td><td>類似業種比準価額×0.9＋純資産価額×0.1</td></tr>
<tr><td>中会社の中</td><td>類似業種比準価額×0.75＋純資産価額×0.25</td></tr>
<tr><td>中会社の小</td><td>類似業種比準価額×0.6＋純資産価額×0.4</td></tr>
<tr><td colspan="2">小会社</td><td>類似業種比準価額×0.5＋純資産価額×0.5</td></tr>
</table>

② 類似業種比準価額方式

評価会社と類似する業種の上場会社の株価を基に，1株当たりの「配当金額」，「利益金額」および「純資産価額」の3種類の比準要素を使って評価する方法です。類似業種の業種目および業種目別株価などは，国税庁から定期的に発表されます（財基通 180）。

③ 純資産価額方式

評価会社の総資産および負債を相続税法上の時価に洗い替えて，その評価した総資産の価額から負債および評価差額（含み益）に対する法人税等相当額 45 %（注）を控除した金額により評価する方法です（財基通 185）。

（注） 平成 22 年 9 月 30 日以前の相続・贈与の場合は 42 %。

(4) 特例的評価方法

同族株主以外の株主等が取得した株式については，その会社の規模にかかわらず原則的評価方法に代えて，特例的評価方法である配当還元方式か原則的評価の何れか低い価額で評価します。配当還元方式は，その株式を所有することによって受け取る1年間の配当金額を一定の利率（10%）で還元して評価する方法です（財基通 188-2）。

(5) 特定の評価会社の評価方法

つぎの①から⑦に掲げる「特定の評価会社」に該当する場合には，会社規模に関わらず，①から⑥の会社は原則として純資産価額方式により，⑦の会社は清算分配見込額により評価します。①の会社の株式については，類似・純資産併用（0.25：0.75）方式も選択できます（財基通178，189）。

なお，①から⑤の会社の株式を取得した同族株主以外の株主等については，特例的評価方法である配当還元方式により評価します（財基通188-2）。

① 比準要素数１の会社

類似業種比準価額で計算する場合の１株当たりの「配当金額」「利益金額」「純資産価額」の３つの比準要素のうち，いずれか２つが０であり，かつ直前々期を基準にして計算した場合にも，いずれか２以上が０である会社。

② 株式保有特定会社

評価会社が保有する資産のうち株式の保有割合が高い会社。

③ 土地保有特定会社

評価会社が保有する資産のうち土地の保有割合が高い会社。

④ 開業後３年未満の会社

⑤ 比準要素数０の会社

類似業種比準価額方式で計算する場合の１株当たりの「配当金額」「利益金額」「純資産価額」の３つの比準要素が，いずれも０である会社。

⑥ 開業前または休業中の会社※

⑦ 清算中の会社※

※同族株主等以外の株主も配当還元方式による評価はできません。

2 所得税法による評価方法

(1) 評価の概要

所得税法上は，非上場株式の評価について直接的に定める規定はありませんが，評価の目安となる規定として，新株発行を有利な価格で引受けた個人に対する課税を目的とした非上場株式の評価および個人が法人に対して贈与もしくは時価の２分の１未満の価額で株式を譲渡した場合には，時価で譲渡があったものとされる「みなし譲渡」の規定における時価の規定があります。

(2) 新株発行を有利な価格で引受けた個人に対する課税を目的とした，未公開株式の評価（所基通 23〜35 共−9）

① 売買実例のあるもの
　最近において売買の行われたもののうち適正と認められる金額

② 公開途上にあるもの
　公募価格等を参酌して通常取引されると認められる金額

③ 売買実例のないものでその株式等の発行法人と事業の種類，規模，収益の状況等が類似する他の法人の株式等の価額があるもの
　当該価額に比準して推定した価額

④ ①〜③までに該当しないもの
　その株式の発行法人の純資産価額等を参酌して通常取引されると認められる価額

(3) みなし譲渡の規定における時価（所基通 59−6）

上記（1）に準じて算定した価額によります。ただし，この場合において，上記（2）④の場合には，原則としてつぎの規定によることを条件に，財産評価基本通達の例によって算定した金額とします。

① 「同族株主」に該当するかどうかは，その譲渡または贈与直前の株主の状況により判定すること

② 譲渡，贈与した個人が「中心的な同族株主」に該当するときは，常に「小会社」として評価すること

③ その株式の発行会社が土地等・上場有価証券等を有している場合，純資産価額の計算にあたり，その譲渡・贈与時の市場価額によること

④ 純資産価額の計算で，各資産の評価額と帳簿価額との評価差額に対する

法人税等相当額の控除（財基通 186-2）はしないこと

③ 法人税法による評価方法

（1） 評価の概要

法人税法上も所得税法と同様，株式の評価について直接的に定める規定はありませんが，評価の目安となる規定として，非上場株式の評価損を計上する場合の価額および法人が無償または低額譲渡した場合の有価証券の譲渡対価についての規定があり，つぎのように定められています。

（2） 原則（法基通 4-1-5，9-1-13）

① 売買実例のあるもの

事業年度終了の日前 6 カ月間に行われたもののうち適正と認められるものの価額

② 公開途上にあるもの

入札後の公募価額などを参酌して通常取引される価額

③ 売買実例のないものでその株式などの発行法人と事業の種類・規模・収益の状況などが類似する他の法人の株式などの価額があるもの

当該価額に比準して推定した価額

④ ①～③に該当しないもの

純資産価額などを参酌して通常取引されると認められる価額

（3） 特例（法基通 4-1-6，9-1-14）

課税上弊害がないこと，およびつぎによることを条件として，財産評価基本通達によって評価することを認めています。

① その法人が，「中心的同族株主」に該当する場合には，「小会社」の評価方法によること

② その株式の発行会社が土地等・上場有価証券等を有している場合，純資産価額の計算にあたり，その事業年度末の市場価額によること

③ 純資産価額の計算で，各資産の評価額と帳簿価額との評価差額に対する法人税等相当額の控除（財基通 186-2）はしないこと

16 贈与，売買における非上場株式の評価と課税関係

Q 非上場株式の贈与，売買における課税関係について教えてください。

A 非上場株式の贈与，売買が行われた場合，贈与者および受贈者，売主および買主が個人か法人かによって，課税関係および税務上適用される株式の時価概念が異なります。

個人間の贈与の場合，受贈者に対して贈与税が課税されます。個人から法人への贈与の場合，法人に対して受贈益に法人税が課されるほか，個人に対してみなし譲渡課税が行われます。法人から個人への贈与の場合，個人がその法人の役員・従業員であるかどうかによって，賞与もしくは寄附として取り扱われます。

また，意図的に売買価額を定めることができる同族間取引においては，非上場株式の売買が時価によって行われない場合には，税務上問題が生じます。

解説

1 贈与時の課税関係

(1) 個人から個人への贈与

① 課税関係

受贈者に対して贈与税が課税されます。

② 株式の評価方法

財産評価基本通達に基づき評価します。

(2) 個人から法人への贈与

① 課税関係

贈与した個人は，時価で株式を譲渡したものとみなされ，時価－取得価額等＝譲渡益に対して譲渡所得税が課税されます（所法59）。

贈与を受けた法人は，株式の時価＝受贈益に対して法人税が課税されます。また，贈与を受けた法人が贈与者の同族会社の場合，贈与によりその同族会社の株式等の価額が増加したときは，増加した部分に相当する金額を，贈与者が他の株主に贈与したものとして取り扱われ，他の株主に贈与税が課されます（相基通9–2）。

② 適用される時価概念

個人贈与者：所得税法上の時価

法人受贈者：法人税法上の時価

(3) 法人から個人への贈与

① 課税関係

贈与した法人では，個人への賞与もしくは寄附として取り扱われます。

贈与を受けた個人には，贈与した法人の役員・従業員の場合は給与所得，役員・従業員以外の場合は一時所得として課税されます。

② 適用される時価概念

法人贈与者：法人税法上の時価

個人受贈者：所得税法上の時価

(4) 法人から法人への贈与

① 課税関係

贈与した法人では，寄附金として取り扱われます。贈与を受けた法人では，株式の時価＝受贈益に対して法人税が課税されます。

② 適用される時価概念

法人税法上の時価

❷ 売買時の課税関係

(1)　個人から個人への売買

①　課税関係

a　個人売主

売却価額－取得価額＝売却益に対し，譲渡所得税が課税されます。

b　個人買主

購入価額＜時価の場合，その差額につき，贈与税が課税されます。

②　適用される時価概念

個人売主：相続税法上の時価

個人買主：相続税法上の時価

(2)　個人から法人への売買

①　課税関係

a　個人売主

売却価額－取得価額＝売却益に対し，譲渡所得税が課税されます。売却価額が時価の２分の１未満である場合には，時価で譲渡したものとみなして課税されます。また，売買価額＞時価の場合，売買価額と時価の差額について，つぎのように取り扱われます。

イ　売主が買主法人の役員・従業員

給与所得として所得税が課税されます。

ロ　売主が買主法人の役員・従業員以外

法人からの受贈益として所得税（一時所得）が課税されます。

b　法人買主

購入価額＜時価の場合，差額は受贈益として法人税が課税されます。

購入価額＞時価の場合，購入価額と時価の差額について，つぎのように取り扱われます。

イ　売主が買主法人の役員・従業員

売主に賞与を支給したことになります。

ロ　売主が買主法人の役員・従業員以外

売主に寄附したことになります。

c　同族会社へ低額譲渡した場合

個人が同族会社へ時価よりも著しく低い価額で譲渡したことにより，その同族会社の株式等の価額が増加したときは，増加した部分に相当する金額を，個人売主が他の株主に贈与したものとして取り扱われます（相基通 9-2）。

② 適用される時価概念

個人売主：所得税法上の時価

法人買主：法人税法上の時価

(3) 法人から個人への売買

① 課税関係

a　法人売主

売却価額＜時価の場合，売買価額と時価との差額について，つぎのように取り扱われます。

イ　買主が売主法人の役員・従業員

買主に賞与を支給したことになります。

ロ　買主が売主法人の役員・従業員以外

買主に寄附したことになります。

b　個人買主

購入価額＜時価の場合，購入価額と時価との差額について，つぎのように取り扱われます。

イ　買主が売主法人の役員・従業員

給与所得として所得税が課税されます。

ロ　買主が売主法人の役員・従業員以外

法人からの受贈益として所得税（一時所得）が課税されます。

②　適用される時価概念

法人売主：法人税法上の時価

個人買主：所得税法上の時価

(4)　法人から法人への売買

①　課税関係

a　法人売主

売却価額＜時価の場合，差額は買主に寄附したことになります。

b　法人買主

購入価額＜時価の場合，差額は受贈益として法人税が課税されます。

購入価額＞時価の場合，差額は売主に寄附したことになります。

②　適用される時価

法人売主：法人税法上の時価

法人買主：法人税法上の時価

17 延納・物納の概要と要件

Q 相続税の金銭納付が困難な場合，延納や物納の方法があると聞きましたが，具体的に教えてください。

A 相続税は，相続税の申告書の提出期限までに金銭により一括納付することが原則ですが，財産に対して課税するという性質上，多額の税金を金銭で一時に納付することが困難である場合には，納税者が申請をして税務署長の許可を受けることにより，その納付を困難とする金額の範囲内で年賦延納を行うことができます。

延納によっても金銭で納付することが困難である場合には，その困難な金額を限度として，納税者の申請により，一定の要件の下で相続財産による物納が認められます。ただし，相続時精算課税制度または非上場株式の納税猶予を適用して生前贈与を受けた財産については，物納の対象とすることはできません。

解　説

1 延納制度

(1)　延納の要件

延納が認められるためには，つぎのすべての要件を満たすことが必要です（相法38①④）。

①　納付すべき相続税額が10万円を超えること

②　納期限までに金銭で納付することを困難とする事由があり，かつその困難とする金額を限度としていること

③ 延納税額が50万円以上，または延納期間が3年以上である場合には，担保を提供すること

④ 納期限までに延納申請書に担保提供関係書類を添付して税務署長に提出すること

(2) 延納期間と利子税

延納期間は，相続財産に占める不動産等の割合によって，つぎの表の区分に従い5年から最長20年まで認められます。ただし，延納税額が50万円未満の場合（不動産等の割合が50％以上である場合には150万円）には，延納期間は延納税額を10万円で除して得た数（その数に1未満の端数があるときは，これを1とします）を超えることはできません（相法38①，措法70の8の2①，70の10①）。

また，延納期間中は利子税の納付が必要です。延納税額に対する利子税は，延納税額の残高につぎの表の割合を乗じた金額となります。なお，現在は平成12年からの特例により，公定歩合に応じて利子税の割合が減額された特例割合を使用します（相法52，措法70の8の2③，70の9①，70の10②，70の11，措法93）。

不動産等の割合（注1）	延納相続税額	延納期間	利子税（年割合）	特例割合（注2）
75％以上	ア 動産等に係る税額	10年	5.4％	3.1％
	イ 不動産等に係る税額（ウを除く）	20年	3.6％	2.1％
	ウ 計画伐採立木の割合が20％以上の場合の計画伐採立木に係る税額	20年	1.2％	0.7％
50％以上75％未満	ア 動産等に係る税額	10年	5.4％	3.1％
	イ 不動産等に係る税額（ウを除く）	15年	3.6％	2.1％
	ウ 計画伐採立木の割合が20％以上の場合の計画伐採立木に係る税額	20年	1.2％	0.7％

50%未満	ア　不動産等，動産等に係る税額（イ，ウ，エを除く）	5年	6.0%	3.5%
	イ　立木の割合が30%超の場合の立木に係る税額（ウを除く）		4.8%	2.8%
	ウ　計画伐採立木の割合が20%以上の場合の計画伐採立木に係る税額		1.2%	0.7%
	エ　特別緑地保全地区等内の土地に係る税額		4.2%	2.4%

（注1）　不動産等の割合

不動産等とは，不動産（棚卸資産であるものを含む），不動産の上に存する権利，立木，事業用の減価償却資産，非上場会社の株式・出資（相続人およびその特別関係者の有する株式や出資の合計額がその会社の発行済株式・出資金額の50%超であるもの）をいいます。

不動産等の割合とは，相続税が課税された財産の価額の合計額のうちに不動産等の価額の占める割合をいいます（相法38①，相令13，相基通38-4）。

$$\frac{\text{不動産等の価格}}{\text{課税相続財産の価額}} = \text{不動産等の割合}$$

（注2）　利子税の特例割合

つぎの算式により計算します（0.1%未満の端数切捨）。

$$\text{特例割合} = \text{利子税の割合} \times \frac{\begin{array}{c}\text{分納期間の開始の日の}\\ \text{2月前の月末時の公定歩合}\end{array} + 4.0\%}{7.3\%}$$

表に記載した特例割合は，公定歩合が0.3%であった場合のものです。

(3)　手　続

延納の許可を申請する場合には，つぎの事項を記載した「相続税延納申請書」に担保の提供に関する書類（「担保提供関係書類」）を添付し，相続税の納期限までに納税地の所轄税務署長に提出しなければなりません。ただし，期限までに担保提供関係書類を提供することができない場合は，届出書を提出することにより，最長6カ月まで提出期限を延長することができます（相法39①⑥～

⑧)。

① 納期限までに金銭納付が困難である理由

② 延納の希望税額および期間

③ 分納税額およびその納期限

(4) 許可および却下

税務署長は，延納申請があった場合にはその内容を調査し，提出期限から3ヵ月以内に許可または却下の通知を書面により行います。また，提供しようとする担保が適当でないと判断される場合には，理由を示して変更を求められることがあります。この場合，その通知の日の翌日から20日以内に変更に係る「担保提供関係書類」を再提出しなければ，申請は却下されます（相法39②～⑤)。

(5) 担保の種類

延納税額に相当する担保を提供しなければなりませんが，提供できる担保財産の種類は，つぎの資産に限られます。なお，相続等により取得した財産に限らず，相続人の固有の財産や共同相続人または第三者が所有している財産であっても担保として提供することができます（国税通則法50)。

① 国債および地方債

② 社債その他の有価証券で税務署長が確実と認めるもの

③ 土地

④ 建物，立木，登記される船舶，登録を受けた飛行機，回転翼航空機・自動車・登記を受けた建設機械で保険に附したもの

⑤ 鉄道財団，工場財団，鉱業財団，軌道財団等

⑥ 税務署長が確実と認める保証人の保証

(6) 非上場株式の担保提供について

担保提供の順位は，処分が容易で価額変動の少ないものからとされ，さらに

担保となる有価証券は，原則として上場されているものとされています。

しかし，非上場株式についても，つぎのいずれかに該当する場合には延納担保として認められます（相基通 39-2）。

① 相続により取得した財産のほとんどが非上場株式であり，かつ，その株式以外に担保とすべき適当な財産がないと認められる場合

② 非上場株式以外の財産が他の債務の担保となっており，延納担保として提供することが適当でないと認められる場合

2 物納制度

(1) 物納の要件

物納が認められるためには，つぎのすべての要件を満たすことが必要です（相法 41 ①，②）。

① 延納によっても金銭で納付することが困難な事由があり，かつ，その納付困難な金額を限度としていること

② 物納申請財産が定められた種類の財産であり，かつ，定められた順位によっていること

③ 物納申請書および物納手続の関係書類を期限までに提出すること

④ 物納申請財産が物納適格財産（物納適格財産がない場合には物納劣後財産）であること

(2) 物納申請財産

① 物納申請財産の種類と順位

物納に充てることができる財産は，納付すべき相続税の課税価格計算の基礎となった財産（相続財産により取得した財産を含み，相続時精算課税の適用を受けた財産を除く）で，国内に所在するもののうち，つぎに掲げる順序および財産に限られます（相法 41 ②⑤）。

第１順位　国債，地方債，不動産，船舶

第２順位　社債，株式，証券投資信託または貸付信託の受益証券

第３順位　動産

※物納申請財産が「美術品の美術館における公開の促進に関する法律に規定する登録美術品である場合には，上表の順位にかかわらず物納に充てることができます（措法70の12)。

② 管理処分不適格財産

物納は金銭納付が困難な場合に認められるもののため，物納申請財産は国が管理または処分をするのに適当な財産（以下「物納適格財産」という）でなければなりません。したがって，担保権が設定されている不動産や株式など，管理等をするのに不適格な財産は「管理処分不適格財産」として政令で定められ，物納することは認められません（相法41②，相令18)。

③ 物納劣後財産

物納劣後財産とは，納税者が居住または事業の用に供している建物・敷地や無道路地など，物納財産ではありますが，他の財産に対して物納の順位が後れるものとして政令で定めるものをいいます。物納劣後財産は，物納適格財産に適当な価額のものがない等特別の事情があると認められる場合に限り物納に充てることができます（相法41④，相令19)。

(3) 申請手続

物納の申請をする場合は，つぎの事項を記載した申請書に一定の必要書類（以下「物納手続関係書類」という）を添付し，相続税の納期限までに納税地の所轄税務署長に提出しなければなりません。ただし，申請期限までに物納手続関係書類を提出することができない場合は，届出書の提出により，最長で１年まで提出期限を延長することができます（相法42①④～⑥)。

① 延納によっても金銭で納付することが困難である金額およびその困難とする事由

② 物納を求めようとする税額

③ 物納に充てようとする財産の種類，数量，価額および所在場所

④ その他財務省令で定める事項

(4) 許可および却下

税務署長は，物納申請があった場合にはその内容を調査し，原則として，申請期限から3カ月以内に許可または却下の通知を書面により行います。審査期間内に許可または却下がない場合は，許可があったものとみなされます（相法42②③）。

なお，許可に条件が付される場合もありますが，定められた期限までにその条件の履行がないときは，税務署長は5年以内に限り許可を取り消すことができます（相法48）。

(5) 物納財産の収納価額

物納財産を国が収納するときの価額は，原則として相続税の課税価格計算の基礎となったその財産の価額になります。ただし，収納の時までに，その財産の状況に著しい変化が生じたときは，収納時の現況によりその収納価額を定めることができます（相法43）。

(6) 物納の再申請

物納を申請した財産が，管理処分不適格財産または物納劣後財産に該当すると判断され，申請が却下された場合には，却下の日の翌日から20日以内に，その却下された財産に代えて1回に限り，他の財産による再申請を行うことができます（相法45）。

(7) 利子税

物納財産を納付するまでの期間に応じ，日歩計算により利子税が課されます。ただし，審査事務に要する期間については，利子税は免除されます（相法53①②）。

③ 延納と物納の関係

（1） 物納から延納への変更

物納申請に係る相続税額の全部または一部が却下された場合には，金銭で一時に納付することを困難とする金額を限度として，却下の日の翌日から20日以内に延納の申請をすることができます（相法44）。

（2） 延納から物納への変更

延納の許可を受けた相続税額について，その後，資力の状況の変化等により延納による納付が困難となった場合には，申告期限から10年以内に限り，分納期限が未到来の税額部分について，延納から物納への変更を行うことができます。この場合の物納財産の収納価額は，その物納に係る申請時の価額となります（相法48の2）。

18 自社株式の現金化〜金庫株の取得，課税関係

Q

自社株式の現金化の方法の一つに金庫株があると聞きましたが，金庫株について具体的に教えてください。

A

会社が株主から自社株式を取得することを自己株式の取得といい，取得した自己株式を金庫株といいます。金庫株による経営者の議決権比率の上昇や現経営者の老後の生活資金確保などは，事業承継プランのうえで有用な方法の一つです。

株式譲渡制限会社の場合，会社法の活用により，相続人のみから自己株式を取得することが可能です。

また，税務上は，相続開始の翌日から３年 10 カ月以内に発行会社に譲渡する場合には，みなし配当課税の不適用および相続税額の取得費加算の特例を受けることができます。会社に買取り資金がある場合は有効な納税資金の捻出方法の一つです。

解　説

1 会社法上の金庫株の取得手続

(1) 概　要

会社法上，自己株式の取得形態は，取得先の株主を特定しない原則的方法と，取得先の株主を特定する例外的方法に区分されます。ともに剰余金配当可能額の範囲内でのみ認められています（会社法 461 ①)。

(2) 株主との合意による取得

取得先の株主を特定しない方法では，定時または臨時株主総会の普通決議で取得枠・取得期間（1年以内）を決めておき（会社法156①），具体的な取得株数・取得価格などは，取得の都度，取締役（取締役設置会社では取締役会）が決定します（会社法157）。取締役（取締役会）が決定した事項は，株主に個別に通知しなければなりませんが，会社法上の公開会社（会社法2⑤）では，株主への通知を公告に代えることができます（会社法158）。

会社からすれば，取得期間中であれば，取得枠の範囲内で，取締役（取締役会）の決定により何回でも自己株式の取得が可能となります。株主からすれば，取締役（取締役会）の決定事項に基づき，株式の買取りを会社に請求するか否か判断できます。

(3) 特定の株主からの取得

取得先の株主を特定する方法では，定時または臨時の株主総会で，売主以外の株主による特別決議が必要です（会社法160，309②二）。また，定款に別の定めがある場合を除き，売主以外の株主に売主追加請求権を付与しなければなりません（会社法160②③）。

(4) 相続人等からの取得

株式譲渡制限会社では，つぎの特例により，相続等により株式を取得した相続人のみから自己株式の取得をすることができます。相続等の際に会社にとって好ましくない者に株式が分散されることを防止し，安全な事業承継をすることが可能です。

① 売主追加請求不適用の特例

株式譲渡制限会社が，相続等により株式を取得した者に取得先を特定して自己株式を取得する場合には，他の株主が売主追加請求をすることはできません（会社法162）。

② 相続人等に対する会社からの売渡し請求

あらかじめ定款で定めることにより，相続等により譲渡制限株式を取得した者に対して，その株式を会社に売り渡すことを請求することができます（会社法174）。

2 金庫株の課税関係

(1) 金庫株の課税の原則

個人が非上場株式を，その発行会社に譲渡した場合は，譲渡対価（交付金銭等）のうち，発行会社のその譲渡した株式に対応する資本金等の額を超える部分の金額は，配当金とみなされ（所法25①），他の所得と総合して課税されます。資本金等の額から取得費を控除した金額は，株式等に係る譲渡所得となり，20％（所得税15％，住民税5％）の税率で分離課税されます。

配当とみなされた部分の金額については，発行会社において20％の源泉徴収が必要です。

■金庫株課税の原則

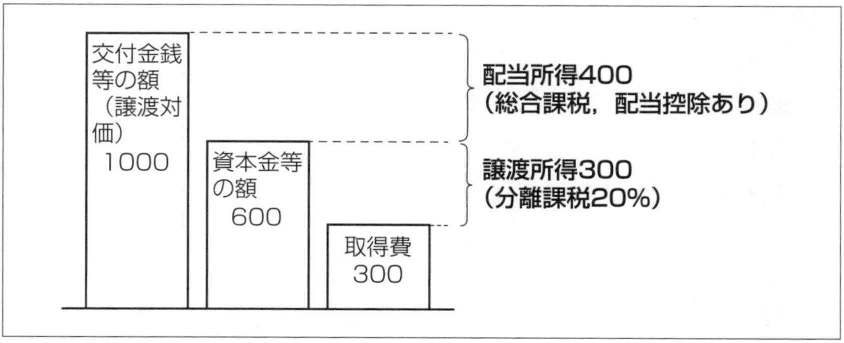

(2) 相続株式の譲渡の特例

① みなし配当課税の不適用

相続等（相続時精算課税制度を選択した生前贈与を含みます）により取得した非上場株式を，その相続開始の日の翌日から相続税の申告期限の翌日以後3年を経過する日までの間に，その発行会社に譲渡した場合には，みなし配当課税は行われず，発行会社からの交付金銭等の全額が譲渡所得に係る収入金額とされます（措法9の7）。

この特例を受けるためには，非上場株式を発行会社に譲渡する時までに，一定の事項を記載した届出書を発行会社経由で税務署長に提出することが必要です（措令5の2）。

■金庫株課税の特例

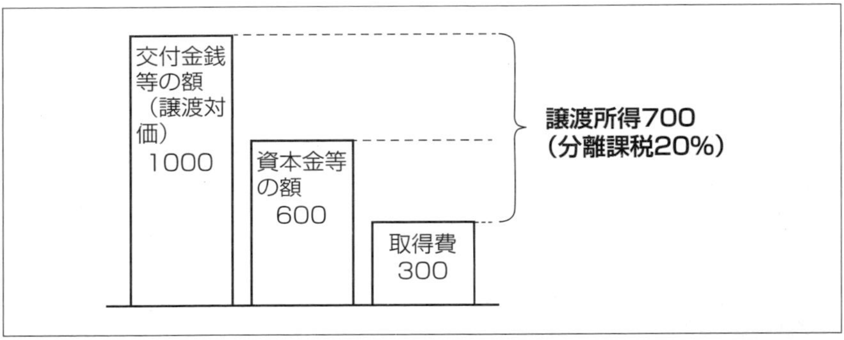

② 相続税額の取得費加算

譲渡所得の計算上，非上場株式を相続等により取得したときに課された相続税額のうち，その株式に対応する部分の金額を取得費に加算して，収入金額から控除することができます。加算される金額は，加算をする前の譲渡所得金額が限度となります。

$$\text{取得費加算額} = \text{相続税額} \times \frac{\text{相続税の課税価格の計算の基礎とされた非上場株式の価額}}{\text{相続税の課税価格} + \text{債務控除額}}$$

この特例を受けるためには，所得税の確定申告に，相続税申告書の写し，相続財産の取得費に加算される相続税の計算明細書，株式等に係る譲渡所得等の金額の計算明細書の添付が必要です（措法39①，措令25の16，措規18の18）。

19 経営承継円滑化法～金融支援～

Q 相続税等の納税資金や株式の買取資金など，事業承継時に必要な資金を確保するための主な方法を教えてください。

A 事業承継時に自己資金で賄いきれない多額の資金が必要となる場合には，「経営承継円滑化法」の金融支援措置を利用することも有効な方法です。

解　説

1 金融支援の内容

（1） 信用保証協会の特例（円滑化法 13）

経済産業大臣の認定を受けた中小企業者が，経営承継に必要な資金を信用保証協会の保証を受けて金融機関から借入する際には，普通保証枠（2 億円），無担保保証枠（8,000 万円），特別小口保証枠（1,250 万円）が別枠化されているため，金融機関からの資金調達が行いやすくなります。

（2） 日本政策金融公庫および沖縄振興開発金融公庫の特例（円滑化法 14）

経済産業大臣の認定を受けた会社である中小企業者の代表者個人が経営承継に必要な資金を借入れする場合，次のものについては，日本政策金融公庫および沖縄振興開発金融公庫から通常の利率より低い利率で融資を受けることができます。会社ではなく代表者個人が融資を受けられるのが大きな特長です。

① 事業用資産を担保として先代経営者が行った借入れを，後継者が引き継

いで返済する場合のその弁済資金

② 後継者が自社株式や事業用資産を買い取るために必要な資金や第三者の会社に対する貸付金や未収金を弁済するために必要な資金

③ 先代経営者の相続に関して，後継者を含む相続人間で，代償分割や価額弁償を内容とする判決の確定，裁判上・裁判外の和解，審判の確定，調停の成立により，後継者が負担した債務を支払うために必要な資金

④ 後継者が相続もしくは遺贈または贈与により先代経営者から取得した自社株式や事業用資産に課される相続税や贈与税を納付するための資金

⑤ 上記①～④以外の資金で，中小企業者の事業活動の継続のために，後継者個人が特に必要とする資金

2 金融支援の対象

上記金融支援を受けるためには，経済産業大臣の認定を受ける必要があります。経済産業大臣の認定を受けることができる中小企業者は，いわゆる上場会社以外の法人および個人事業主のうち先代経営者の死亡または退任により事業承継をする際に，つぎのような事由が生じているものです（出典：中小企業庁 平成22年度中小企業経営承継円滑化法　申請マニュアル）。

① 先代経営者が死亡または退任したことにより，①相続に伴い後継者以外の相続人に株式等や事業用資産が分散した，②先代経営者と友好的であった者が株式等や事業用資産の売却を希望している，③MBOやEBO等の場合に先代経営者から株式等や事業用資産などを譲り受ける，④会社が貸付金の弁済や未払だった給与の支払を急遽求められる，などの事態が生じた場合に，後継者が経営の安定化のため，株式等や事業用資産を買取るための資金を必要としていること

② 後継者が，相続もしくは遺贈または贈与により先代経営者から中小企業者の株式等や事業用資産等を取得したために，多額の相続税や贈与税の納税資金を必要としていること

③ 後継者の交代により取引先からの信用力が低下したため，売上高等が減

少することが見込まれること

④　経営者の交代により取引先からの信用力が低下したため，主な仕入先から後継者にとって不利益となる取引条件を設定されたこと

⑤　後継者の交代により取引先金融機関からの信用力が低下したため，主な取引先金融機関からの借入れが困難になったこと

⑥　先代経営者の相続に関して，後継者を含む相続人間で代償分割または価額弁償に係る①判決の確定，②裁判上・裁判外の和解，③審判の確定，④調停の成立，があったこと

⑦　後継者が相続もしくは遺贈または贈与により取得した株式について相続税または贈与税を納付することが見込まれること

3 経済産業大臣の認定

金融支援を受けるためには，経済産業大臣の認定を受ける必要があります。申請書は最寄りの地方経済産業局長宛に提出します。提出後，経済産業大臣に認定されれば認定書が交付され，融資の申込み時に金融機関に認定書を提示して，金融支援を受けることになります。ただし，代表者の退任等があった場合には認定が取り消されます。

認定申請の際は，該当する事由や利用する特例制度によって記載内容や添付書類が異なるため注意が必要です。

認定事由と添付書類の対応関係図は，次表のとおりです。

■認定申請時の必要書類

<table>
<tr><th colspan="2" rowspan="2">借入者</th><th rowspan="2">資金使途</th><th colspan="2">添付書類</th><th rowspan="2">特例</th></tr>
<tr><th>共通</th><th>事由別</th></tr>
<tr><td rowspan="9">法人</td><td rowspan="5">法人</td><td>株式買取資金</td><td rowspan="9">●従業員数証明書
●登記事項証明書
●定款の写し
●貸借対照表，損益計算書，事業報告書等
●誓約書
●戸籍謄本等（先代経営者の死亡の場合）</td><td>●株主名簿の写し
●株式等の価格を証する書類</td><td rowspan="5">信用保険</td></tr>
<tr><td>事業用資産等買取資金（債務の返済を含む）</td><td>●登記事項証明書（不動産の場合）
●事業用資産等（債務を含む）の価格を証する書類
●申請者以外の者が事業用資産等を有していることを証する書類</td></tr>
<tr><td>売上高等減少時の運転資金</td><td>●売上高等の減少が見込まれることを証する書類</td></tr>
<tr><td>取引条件悪化時の運転資金</td><td>●不利益な仕入条件設定・変更を証する書類</td></tr>
<tr><td>借入条件悪化時の運転資金</td><td>●取引先金融機関との取引に係る支障発生を証する書類</td></tr>
<tr><td rowspan="4">代表者</td><td>株式買取資金</td><td>●株主名簿の写し
●株式等の価格を証する書類</td><td rowspan="4">政策公庫</td></tr>
<tr><td>事業用資産等買取資金（債務の返済を含む）</td><td>●登記事項証明書（不動産の場合）
●事業用資産等（債務を含む）の価格を証する書類
●申請者以外の者が事業用資産等を有していることを証する書類</td></tr>
<tr><td>相続税または贈与税の納税資金</td><td>●相続税または贈与税の見込額を記載した書類</td></tr>
<tr><td>遺産分割または遺留分減殺請求の対応資金</td><td>●遺産の分割に係る和解契約書，審判書または調停の調書
●価額弁済を命ずる判決書または価額弁済をする旨の和解契約書，和解の調書もしくは調停の調書</td></tr>
</table>

出典：中小企業庁　平成22年度中小企業経営承継円滑化法　申請マニュアル

20 相続時精算課税制度の概要，暦年課税制度との比較

Q

株式を生前に贈与する際に利用できる相続時精算課税制度について教えてください。

A

相続時精算課税制度は，親から推定相続人である子への贈与について，贈与時の贈与税を軽減して，相続が発生した際に相続税で精算するという贈与税と相続税を一体化した制度です。この制度は受贈者の選択により，暦年課税制度に代えて適用できます。相続時精算課税制度の適用後は，その贈与者からの贈与については，相続時精算課税制度の選択を撤回して暦年課税制度に戻ることはできません。

解　説

1 相続時精算課税制度の概要

(1) 適用対象者の要件（相法 21 の 9 ①）

① 贈与者

贈与をした年の 1 月 1 日において，満 65 歳以上である者

② 受贈者

贈与を受けた年の 1 月 1 日において満 20 歳以上であり，かつ，贈与の日において贈与者の直系卑属である推定相続人に該当する者に限られます。したがって，贈与者の子供（実子・養子）および子供が死亡している場合は代襲相続人である孫（曾孫・玄孫）が該当します。夫婦間の贈与については，精算課税制度の適用はありません。

③　養子縁組による適用

養子縁組により推定相続人になった場合においても，養親および養子の年齢が，それぞれ贈与の年の1月1日において，満65歳以上および満20歳以上であれば，相続時精算課税制度が適用できます。この場合，養子縁組前に行った贈与については，贈与時点での親子関係はありませんので，暦年課税制度により贈与税を計算することになります（相法21の9④）。

(2)　贈与時の課税

相続時精算課税制度を選択した年から贈与財産の累計が2,500万円に達するまでの生前贈与には贈与税が課税されません。2,500万円を超える部分については，一律20％の税率で贈与税が課税されます（相法21の12，21の13）。

(3)　相続時の課税

相続が発生した場合には，相続時精算課税制度を選択して生前贈与された財産と相続財産の合計に対して相続税額を計算し，贈与時に納付した贈与税額があれば相続税額から控除し，控除しきれない贈与税の税額に相当する金額は還付されます。相続時に課税される生前贈与財産の価額は，贈与時の価額となります（相法21の14，21の15，21の16）。

(4)　適用手続

相続時精算課税制度の適用を受けようとする受贈者は，贈与を受けた年の翌年2月1日から3月15日までの贈与税の申告期限内に「相続時精算課税選択届出書」（贈与者ごとに作成）を，贈与税の申告書に添付して，納税地の所轄税務署に提出しなければなりません（相法21の9②，相令5①，相規10，11）。

この制度は，贈与税の期限内申告書の提出がある場合にのみ適用され，提出がなかった場合の宥恕規定は設けられていません（相基通21の12-1）。届出書・申告書の期限内提出が無ければ，単純に暦年贈与があったものとして課税されます。

なお，一度提出された「相続時精算課税選択届出書」は撤回をすることができませんので，制度の適用を受けるか否かは慎重に判断することが必要です（相法21の9③⑥）。

(5) 適用後の申告義務

相続時精算課税の適用を受けた以後の年分は，その適用に係る贈与者からの贈与については，年間110万円の贈与税の基礎控除がありませんので，少額の贈与についても贈与税の申告が必要になります（相法21の11）。

(6) 選択単位

相続時精算課税制度の適用は，贈与者・受贈者ごとに選択することができます。例えば，長男は父親とは精算課税制度を選択適用するが，母親とは暦年課税制度のまま，次男は父親・母親ともに暦年課税制度という選択もできます。

(7) 贈与の対象となる財産

贈与財産の種類，財産価額，贈与回数の制限はありません。ただし，法人からの贈与により取得した財産等，贈与税の非課税財産は含まれません（相法21の3，21の4）。

(8)　受贈者が「相続時精算課税選択届出書」の提出前に死亡した場合

財産の受贈者が，相続時精算課税選択届出書の提出期限前に届出書を提出しないで死亡した場合には，その者の相続人（その財産の贈与者を除く）は，その相続の開始があったことを知った日の翌日から10月以内に，届出書を贈与税の申告書に添付して，その死亡した者の納税地の所轄税務署に共同して提出することができます（相法21の18①）。

この届出書を提出した相続人は，死亡した者に係る相続時精算課税制度の精算義務および権利を承継します（相法21の18②）。

(9)　推定相続人でなくなった場合

相続時精算課税選択届出書を提出した者が，離縁等その他の事由により，その特定贈与者の推定相続人でなくなった場合でも，その贈与者からの贈与財産については相続時精算課税制度が適用されます（相法21の9⑤）。

(10)　特定の贈与者から住宅取得等資金の贈与を受けた場合の特例

平成15年1月1日から平成23年12月31日までの間に行われた住宅取得等資金の贈与のうち，一定の要件を満たすものについては，贈与者が65歳未満であっても相続時精算課税制度を適用することができます（措法70の3）。

2 相続時精算課税制度と暦年課税制度の比較

相続時精算課税制度と暦年課税制度の相違点は，つぎのようになります。

項目	暦年課税制度	相続時精算課税制度
贈与者	制限なし	65 歳以上の親
受贈者	制限なし	20 歳以上の推定相続人である子・孫
対象財産	制限なし	制限なし
基礎（特別）控除額	年間 110 万円	累積 2,500 万円
贈与税率	10～50%累進税率	一律 20％（特別控除額を超える部分）
適用手続	なし	贈与を受けた年の翌年 2 月 1 日から 3 月 15 日までの間に選択届出書を提出
申告義務	基礎控除額を超える場合のみ申告が必要	選択後の全ての贈与について申告が必要
生前贈与加算	相続開始前 3 年以内の贈与のみ贈与時の価額で加算	選択後の生前贈与全て贈与時の価額で加算
贈与税の還付	相続税額から控除しきれない贈与税額の還付はない	相続税額から控除しきれない贈与税額の還付あり

3 相続時精算課税制度のメリット・デメリット

(1) メリット

① 財産価値上昇時の節税効果

相続時に課税される財産の価額は贈与時の価額になりますので，例えば株式・土地などで将来値上りが見込まれる財産があれば，相続時精算課税制度を活用して節税を図ることが可能です。

② 相続財産の抑制効果

収益を生み出す財産を生前贈与し，贈与後の果実を受贈者に移すことにより，相続財産を減らす効果があります。例えば，貸マンションを親から子に生前贈与した場合，贈与後の家賃収入は子のものとなり，親の相続財産に含まれません。

③ 生前の事業承継への活用

事業承継においては，できるだけ現経営者の元気なうちに，現経営者の意志により財産を移転させたいものです。相続が発生してからの事業承継では，経営者の意思が十分に反映されるとは限りません。税金コストを抑えて株式・事業用資産などの後継者への移転を図り，経営者の意志を示しておくことによって，事業承継がスムーズに行われる効果が期待できます。

(2) デメリット

① 財産価値下落時

財産価値上昇時のメリットの裏返しですが，将来値下がりが予想される財産，例えば建物などはこの制度の適用には向きません。

② 基礎控除額の放棄

相続時精算課税制度を一度選択すると，その贈与者との関係においては暦年課税制度には戻れないため，暦年課税制度で認められている年間 110 万円の基礎控除額を永遠に放棄することになります。

③ 物納の不適用

相続時精算課税制度を適用して取得した財産で，相続税の課税価格に加算された財産は物納の対象とすることができません。このため，相続税が発生しそうな場合，事前に納税資金を手当てしておく必要があります。

④ 優遇税制の不適用

小規模宅地等の減額などの優遇税制の対象となる宅地等を生前に贈与している場合には，相続時にその優遇税制を受けることはできません。

⑤ 贈与税の申告義務

相続時精算課税制度を選択すると，その贈与者からの以後の贈与についてはすべて贈与税の申告が必要となりますので，注意が必要です。暦年贈与の場合は，年間 110 万円の基礎控除額以下であれば贈与税は課税されないため申告の必要はありませんが，相続時精算課税の場合は，例えば年間 100 万円の贈与の場合でも申告が必要です。

⑥ 不動産取得税および登録免許税

相続による移転では，不動産取得税は非課税になりますが，生前贈与の場合には税負担が発生します。また，不動産取得税も相続に比較して生前贈与では税率が高くなります。相続時精算課税制度を選択する場合には，これら付帯税などについても考慮する必要があります。

21　経営承継円滑化法～新事業承継税制～

Q

株式の贈与にあたり，新事業承継税制により贈与税がかからない場合があると聞きましたが，どのような制度なのでしょうか。

A

後継者が，贈与により，経済産業大臣の認定を受ける非上場会社の株式を先代経営者から全部または一定以上取得し，その会社を経営していくときは，その後継者が納付すべき株式の贈与に係る贈与税の全額の納税が猶予されます。

この事業承継税制は，非上場株式を相続した場合や贈与を受けた場合に，相続税や贈与税の納税が猶予される制度です。ただし，一定の場合には，納税猶予額のほか，利子税もあわせて納付しなければならなくなるため，注意が必要です。

新事業承継税制は，納税猶予という税金対策の面だけでなく，議決権を後継者に集中させる株式承継対策にも有効な制度です。

解　説

1 非上場株式等の贈与税の納税猶予の特例（措法70の7）

後継者が，贈与により，経済産業大臣の認定を受ける非上場株式を先代経営者から全部または一定以上取得し，その会社を経営していく場合には，その非上場株式等（発行済議決権株式総数の3分の2に達するまでの株数を限度）に対応する贈与税の全額の納税が猶予されます。この場合，納税猶予額に見合う担保を税務署に提供することが必要です。

この特例の適用を受けるための要件や手続は，下記のとおりです。

(1) 要 件

① 会社の要件

a 非上場会社であること

b 中小企業者であること（円滑化法2）(注)

(注) 業種により，資本金基準と従業員基準があります。
製造業の場合，資本金3億円以下または従業員数が300人以下の会社

c 風俗営業会社でないこと

d 資産管理会社でないこと

e 総収入金額・従業員数が零の会社でないこと

② 後継者の要件

a 会社の代表者であること

b 先代経営者の親族であること

c 20歳以上であること

d 役員就任から3年以上経過していること

e 後継者およびその同族関係者で総議決権数の50%超の議決権数を保有し，かつ，その中で筆頭株主となること

③ 先代経営者の要件

a 会社の代表者であったこと

b 贈与直前において，先代経営者およびその同族関係者で総議決権数の50%超の議決権数を保有し，かつ，その中（後継者を除く）で筆頭株主であったこと

c 贈与の時において，会社の役員を退任していること

(2) 手 続

納税猶予の適用を受けるためには，まず，贈与前に「中小企業における経営の承継の円滑化に関する法律」に基づき，会社が計画的な事業承継に係る取組

■非上場株式等の贈与税の納税猶予の手続の流れ

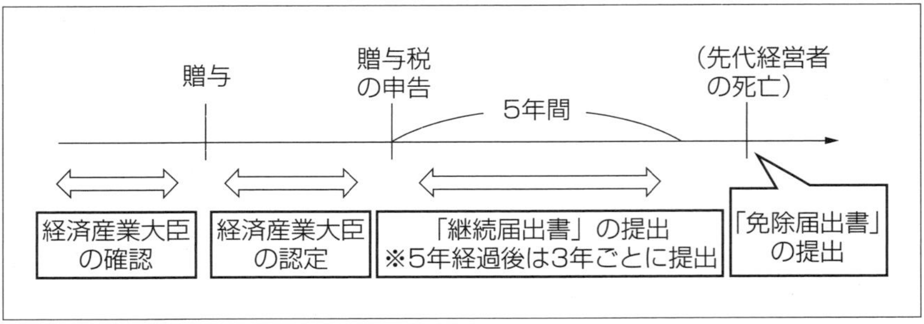

みを行っていることについて，「経済産業大臣の確認」を受けておきます。

贈与後は，申告期限までに，会社の要件，後継者の要件，先代経営者の要件を満たしていることについて，「経済産業大臣の認定」を受けます。

申告後は，申告期限後５年間は毎年，５年経過後は３年ごとに「継続届出書」を所轄税務署に提出する必要があります。

(3)　先代経営者が死亡した場合

先代経営者が死亡した場合には「免除届出書」を提出することにより，納税が猶予されている贈与税が免除されます。

ただし，この特例の適用を受けた非上場株式等は，相続または遺贈により取得したものとみなして相続税が課税されます。この場合の相続財産に合算される非上場株式等の価額は，贈与時の価額です。

なお，その際，「経済産業大臣の確認」を受け，一定の要件を満たす場合には，その非上場株式等のうち一定の部分については，相続税の納税猶予の特例の適用を受けることができます（後記❷参照）。

(4)　納税猶予されている贈与税を納付する必要がある場合

つぎの場合には，その事由が生じた日から２カ月を経過する日（納税猶予期限）までに，納税が猶予されている贈与税の全部または一部を，納付しなければなりません。

また，贈与税の申告期限の翌日から納税猶予期限までの期間に応じた利子税もあわせて納付しなければなりません。

① 申告期限後５年以内……納税猶予されている贈与税の全額を納付

a 非上場株式の一部を譲渡等（贈与を含む）した場合

b 後継者が会社の代表者でなくなった場合

c 一定の基準日において雇用の８割を維持できなくなった場合

d 会社が資産管理会社に該当した場合（申告期限後５年経過後の場合も含む。）

② 申告期限後５年経過後……譲渡等した部分に対応する贈与税を納付

非上場株式の一部を譲渡等（贈与を含む）した場合

(5) 納税猶予額の計算方法

納税が猶予される金額は，その年分の贈与財産が特例の適用を受ける非上場株式等のみであると仮定して計算した金額です。

2 非上場株式等の相続税の納税猶予の特例（措法 70 の 7 の 2）

後継者が，相続により非上場株式等を取得した場合も，贈与の場合と同様に，納税猶予の特例の適用を受けることができます。

ただし，納税猶予となるのは，その非上場株式等（発行済議決権株式総数の３分の２に達するまでの株数を限度）に係る相続税のうち，課税価格の 80％に対応する部分のみです。

この特例の適用を受けるための要件や手続は，下記のとおりです。

(1) 要 件

① 会社の要件

上記１（1）①と同様です。

■非上場株式等の相続税の納税猶予の手続の流れ

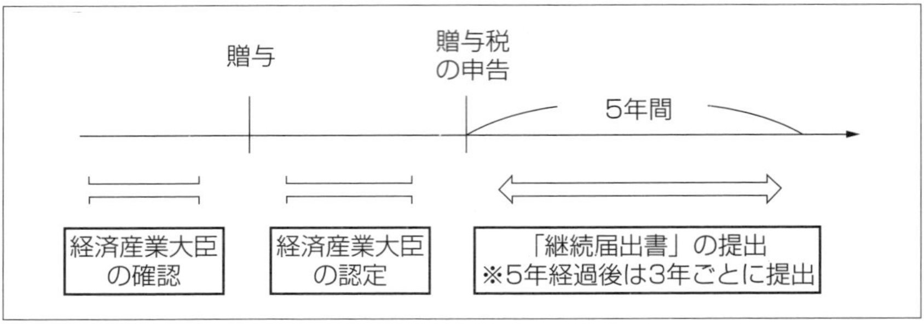

② 後継者の要件

上記❶（1）②の要件と同様ですが，cの要件は必要とされません。

なお，相続開始から5カ月後には会社の代表者である必要があります。

③ 先代経営者の要件

上記❶（1）③の要件と同様ですが，cの要件は必要とされません。

（2） 手続

上記❶（2）と同様です。

（3） 納税猶予されている相続税を納付する必要がある場合

上記❶（3）と同様です。

（4） 納税猶予額の計算方法

後継者が取得した相続財産が，特例の適用を受ける非上場株式等のみであると仮定して計算した後継者の相続税額から，後継者が取得した相続財産が特例の適用を受ける非上場株式等の20%のみであると仮定して計算した後継者の相続税額を控除して計算した金額です。

具体的な計算方法は，下記のとおりです。

■相続税の納税猶予額の計算方法

＜前提条件＞
相続財産　A社株式（100%を父が所有　相続税評価額15億円），預金1億円
相 続 人　子1人（後継者）のみ

◎相続税の基礎控除額および超過累進税率を考慮せずに，相続税の税率を50%と仮定して相続税額および納税猶予額を試算しています。

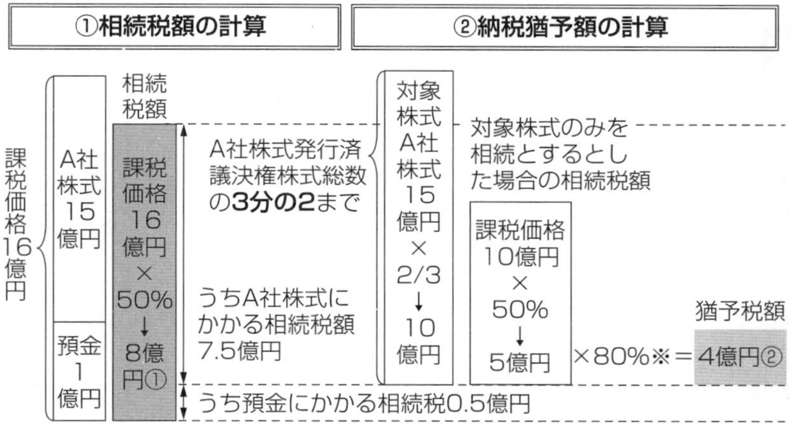

→ **納付すべき相続税額　①相続税額8億円－ ②猶予税額4億円**
＝ 納税額4億円

22　生命保険による資金調達，法人における生命保険金の活用

Q

納税資金の確保や株価引下げ対策に生命保険が有効と聞きましたが，具体的に教えてください。

A

生命保険契約には様々な種類の商品がありますが，個人契約・法人契約のいずれの場合も死亡保険金は納税資金の確保に有効です。また，法人契約の場合は会社の株価の引下げに有効なものもあります。

解　説

❶ 個人契約の場合

税金は金銭納付が原則であり，相続税も同様です。しかし，相続財産の大部分が自宅などの土地建物や自社株式，事業用資産である場合には，相続税の納付は非常に困難です。相続税の納付のために自社株式や事業用資産を渋々手放すケースが見受けられますが，そのようなことになっては円滑な事業承継に弊害が生じてしまいます。

相続財産の大部分が換金性のないものである場合には，被相続人が保険料を負担し，自己を被保険者，相続人を保険金受取人とする生命保険に加入することで，その死亡保険金を相続税の納税資金として確保することができます。

また，この場合の死亡保険金は，相続税法上「みなし相続財産」として課税されますが，相続人が保険金受取人である場合は，500 万円×法定相続人の数で計算した金額までは非課税の適用を受けることができます（相法 12 ①五，相基通 12-8）。なお，支払った生命保険料は，毎年の所得税の申告において生命

保険料控除を受けることができます（所法76)。

2 法人契約の場合

法人が経営者を被保険者として生命保険契約を締結した場合に受取る死亡保険金も，個人の場合と同様に納税資金として活用できます。例えば，相続人が納税資金の確保のために相続した自社株式を法人が買取る場合や相続人へ死亡退職金や弔慰金を支給する場合（Q23参照）の財源として活用することができます。

また，保険料の損金算入割合が高い生命保険契約を活用すれば，損金となる保険料が社外に流出するため，株式評価上，純資産価額や類似業種比準価額を引き下げる効果があります。生命保険の本来の目的は，万が一があった時の遺族の生活保障ですが，株式評価・会社キャッシュフロー対策にも有効です。

(1) 株式評価の引下げに有効な生命保険

法人税法上，生命保険で支払う保険料については，損金算入できるものと資産に計上すべきものとに大別されます。株式評価上，純資産価額や類似業種比準価額を引き下げる効果があるのは，保険料を損金算入できるものです。その効果が期待できる代表的な保険商品は次のとおりです。

① 長期平準定期保険・逓増定期保険

② 養老保険のうち，いわゆる「福利厚生プラン」

(2) 長期平準定期保険および逓増定期保険

定期保険は満期保険金がなく貯蓄性がないため，支払保険料は原則として支払のタイミングで損金の額に算入することができます。

ただし，保険期間が長期にわたる定期保険や保険期間中に保険金額が逓増する定期保険は保険期間の前半において支払う保険料の中に相当多額の前払保険料が含まれていることから，税務上一時の損金にすることはできません。

この対象となるのは法人が自己を契約者，役員または使用人を被保険者として加入した定期保険のうち，長期平準定期保険と逓増定期保険です。これらの保険は保険期間の前半6割の期間は保険料の一部を資産計上しなければなりませんが，残りの後半4割の期間でその資産計上分を取り崩して損金処理できるため，株価の引下げに有効です。

それぞれの損金算入時期は，下表のとおりです（法人が支払う長期平準定期保険等の保険料の取扱いについて（平成20年2月28日課法2-3，課審5-18））。

■長期平準定期保険・逓増定期保険の損金算入時期

区分			前半6割の期間	後半4割の期間
長期平準定期保険	保険期間満了時の被保険者の年齢＞70歳 かつ 保険加入時の被保険者の年齢＋保険期間×2＞105		支払保険料 1/2…資産計上 1/2…損金算入	支払保険料＋資産計上累計額の期間按分額を損金算入
逓増定期保険	①	保険期間満了時の被保険者の年齢＞45歳 （②・③を除く）	支払保険料 1/2…資産計上 1/2…損金算入	
	②	保険期間満了時の被保険者の年齢＞70歳 かつ 保険加入時の被保険者の年齢＋保険期間×2＞95 （③を除く）	支払保険料 2/3…資産計上 1/3…損金算入	
	③	保険期間満了時の被保険者の年齢＞80歳 かつ 保険加入時の被保険者の年齢＋保険期間×2＞120	支払保険料 3/4…資産計上 1/4…損金算入	

(3) 養老保険

養老保険は定期保険と異なり貯蓄性が高く，支払保険料は原則として全額資産計上しなければなりません。

ただし，役員・従業員の全員が加入する一定の要件を満たした福利厚生制度としての養老保険については，支払保険料の2分の1を損金に算入することができます（法基通9-3-4）。この養老保険は「福利厚生プラン」といい，保険契約者は法人，満期保険金は法人が，死亡保険金は遺族が受取る契約で役員・従業員全員を対象とする保険をいいます。支払保険料の２分の１を損金算入するためには，①契約の継続性，②普遍的加入，③福利厚生規定の作成・保険金額の設定の３要件を満たす必要があるため注意が必要です。

(4) 株式評価における生命保険金

① 保険事故が発生している場合

株式の評価時点で保険事故が発生している場合，法人が受取る保険金は保険金請求権として株式評価の純資産価額計算上，資産に計上します。この場合，支払保険料のうち資産計上されている部分（保険積立金）は，資産から除外します。また，その受け取った保険金を死亡退職金にあてる場合は，未払退職金を負債計上します。あわせて，保険差益（保険金額－保険積立金額－支払退職金）について法人税等が課されるときは，その法人税等45％(注)に相当する金額も負債に計上します（財基通186-2）。

（注） 平成22年9月30日までの相続・贈与については42％。

② 保険事故が発生していない場合

株式評価時点で保険事故が発生していない場合は，生命保険契約に関する権利として株式評価の純資産価額の計算上，資産計上します。生命保険契約に関する権利の価額は，評価時点で保険契約を解約することとした場合に支払われることとなる解約返戻金の額（解約返戻金のほかに支払われることとなる前納保険料の金額，剰余金の分配額等がある場合にはこれらの金額を加算し，解約返戻金の額につき源泉徴収されるべき所得税の額に相当する金額がある場合には当該金額を減算した金額）で評価します（財基通214）。つまり，資産計上してある保険積立金（帳簿価額）を解約返戻金相当額をもって評価替えすることになります。

そのため，加入後間もない生命保険契約は支払った保険料に対して解約返戻金が少なく純資産価額が低くなります。一方，加入後相当の期間が経過している生命保険契約に関しては，多額の解約返戻金が予想され，評価が高くなるため注意が必要です。

23　死亡退職金の活用，生前退職金の支給との比較

Q

相続税等の納税資金の確保や株価引下げ対策に退職金の活用が有効と聞きましたが，具体的に教えてください。

A

死亡退職金はみなし相続財産として相続税が課されますが，非課税枠があり納税資金の確保に有効です。一方，生前に退職金を受け取る場合は，退職所得に係る所得税は優遇されているものの，所得税等を支払った後の金銭が相続税の課税対象となってしまうため注意が必要です。

また，自社株式の評価においては，生前に退職金の支給を行うことで純資産価額や類似業種比準価額を引下げることができ，死亡退職金の場合でも純資産価額の引下げは可能です。

解　説

1 生前退職金の場合

(1)　課税の取扱い

生前にオーナー役員が受け取る退職金は，退職所得として所得税の課税対象となります（所法30①）。退職所得は①勤続年数に応じて退職所得控除がある，②所得金額は所得控除後の２分の１の金額，③他の所得と分離して課税される，など他の所得と比較して優遇されています。退職所得の計算方法は，下記のとおりです。

■退職所得

退職所得の金額＝(収入金額－退職所得控除額※)×1/2
※退職所得控除額
　勤続年数≦20年　40万円×勤続年数（80万円未満は80万円）
　勤続年数＞20年　800万円＋70万円×(勤続年数－20年)

なお，「退職所得の受給に関する申告書」を提出している場合は支払者が所得税と住民税を源泉徴収するため，原則として確定申告は必要ありません。一方，提出していない場合は一律20％で所得税が源泉徴収されるため，確定申告を行って税額の精算をすることとなります。

(2)　納税資金対策

退職所得に係る所得税等は他の所得と比較して優遇されており手取りが多いため，金融資産を得るには有効な方法です。相続財産の大部分が自宅などの土地建物や自社株式，事業用資産の場合には，相続税の納税資金に活用することができます。しかし，所得税等を支払った後の金銭が相続税の課税対象となるため，納税資金の確保という点からは，下記のとおり死亡退職金として支給する方が有利といえます。

(3)　株価対策

通常オーナーに対する退職金は多額になるため，支給期の利益は大幅に減額されるため，株価を大きく引き下げることができます。

純資産価額の計算においては，役員退職金の金額が社外に流出するため資産が減少し，結果として純資産価額が低くなります。

また，類似業種比準価額の計算においても，計算の三要素である配当・利益・純資産のうち利益と純資産が下がるため，類似業種比準価額も低くなります。

オーナーの退職金の支給期は株式異動の絶好の機会といえます。

2 死亡退職金・弔慰金の場合

(1) 課税の取扱い

オーナーの死亡後に相続人等が受け取る退職金は，死亡後3年以内に支給が確定したものである場合には所得税は課税されず（所基通 9–17），相続人等が相続または遺贈により取得したものとみなされ，相続税の課税対象とされます（相法3①二）。ただし，退職金を取得した者が相続人である場合には，被相続人の死後における生活の安定等を考慮して，法定相続人の数に500万円を乗じた金額まで非課税とされています（相法12①六）。

■非課税金額

① (A) ≦ (B) である場合

非課税金額＝（C）

② (A) ＞ (B) である場合

非課税金額＝（B）×（C）/（A）

(A)：すべての相続人が取得した退職手当金等の合計額

(B)：500万円×被相続人の法定相続人の数

(C)：その相続人の取得した退職手当金等の額

弔慰金については明らかに退職手当金等に該当するものでなければ，①業務上の死亡の場合は普通給与の3年分，②業務上の死亡以外の場合は普通給与の半年分は相続税の課税対象となりません。

なお，相続税の課税対象とされる退職手当金等は，「被相続人の死亡後3年以内に支給が確定したもの」とされており，「被相続人の死亡後3年経過後に支給が確定したもの」はその支払を受ける遺族の一時所得に該当します（所基通 34–2）。また，「支給が確定したもの」とは，退職手当金等の「額」が被相続人の死亡後3年以内に確定したものをいい，実際に支給される時期が被相続人の死亡後3年以内であるかどうかは問いません。反対に，支給されることは確定していてもその「額」が確定していないものについては「支給が確定したもの」には該当しません（相基通3-30）。

(2) 納税資金対策

上記のとおり，死亡退職金や弔慰金は非課税となる部分がある程度確保できるため，この非課税枠を最大限活用して納税資金に充てることが可能です。

(3) 株価対策

類似業種比準価額の計算においては，直前期末の比準数値を使うため相続日時点での株価には影響がありませんが，純資産価額の計算においては，相続開始後に支払われる死亡退職金を負債に計上することができるため，株価を引き下げることができます。

3 支払法人側の留意点

法人が役員に対して支給する退職金も，一般の従業員に対して支給する退職金と同様に損金の額に算入されます。ただし，役員に対する退職金に関しては役員自身が金額決定に重要な影響を及ぼすため，支給金額のうち「不相当に高額な部分の金額」については損金不算入となります（法法34②）。この「不相当に高額な部分の金額」は，役員の業務に従事した期間，退職の事情，法人と同種の事業を営む法人でその事業規模が類似するものの役員に対する退職金の支給の状況等を勘案して判断するため，相当な退職金の金額がいかほどであるかという判断は非常に難しく注意が必要です。

生前退職金の支給に関しては，実際に退職した場合のほか，①非常勤役員になった，②取締役が監査役になった，③給与が半分以下になった，など分掌変更等によりその役員としての地位または職務の内容が激変し，実質的に退職したと同様の事情にある場合は退職給与の支給が認められます（法基通9-2-32）。

④ 生命保険の活用

通常オーナー役員に対する退職金はかなり高額になる場合が多いため，その資金を法人が準備しておかなければなりません。そのため，保険料が損金になり退職金の支払原資も確保できる生命保険に法人が加入することも有効な方法です（Q22参照）。

24 持株会社の設立

Q

事業承継対策として持株会社の設立を提案されましたが，持株会社を設立した場合の効果と設立の手法について教えてください。

A

持株会社を設立した場合の主な効果は，つぎのとおりです。

① 相続発生時における株式分散化の防止

② 株価上昇の抑制

③ 財産の組み替えに等による株価の引下げ

持株会社の設立手法としては，売却のほか，現物出資や会社分割，株式移転・交換などがあります。

解　説

1 持株会社の設立の効果

(1)　相続発生時における株式分散化の防止

資産管理を目的とするような持株会社は，事業会社と比較すると，取引先などの第三者との関係維持にさほど神経質になることなく，株主構成や役員構成などの機関設計が柔軟に行えることから，経営者やそのファミリーの安定的なライフプランを考えることができます。

また，株主構成を自由に設計することが可能なため，持株会社設立時に種類株式などを導入することで，経営と資本の分離が可能となり，相続発生時における株式散逸化を防ぐ効果が期待できます。

(2)　株価上昇の抑制

株式の相続税評価額のうち純資産価額は，資産の含み益に対し，法人税等相当額の45％(注) を控除して評価します（財基通186-2)。

持株会社を設立した当初においては，事業会社の評価と持株会社における評価は一致するため，節税の効果は期待できませんが，持株会社設立後，長期間にわたって傘下の事業会社の業績が好調で，事業会社の株価が上昇している場合には，事業会社の株式の含み益が多額となるケースが多々あります。この場合，法人税等相当額45％を控除して純資産価額を評価すれば，その分株価の上昇を抑制でき，節税効果が期待できます。

（注）　平成22年9月30日以前は42％。以下同じ。

(3)　財産の組み替えに等による株価の引下げ

持株会社の多くは，株式保有特定会社に該当し，その場合の評価は原則として，純資産価額方式になります。一般的に，純資産価額方式のみにより計算した価額よりも，類似業種比準価額方式により算出した価額のほうが有利になることが多く，株式保有特定会社に該当すると不利になります。

したがって，株式保有特定会社に該当しないような形態で進めるべく，以下のような方法で持株会社化を図ると，相続税評価額の引下げ効果が期待できます。

①　資産購入等による総資産額の増額

収益不動産の購入，保険積立金，貸付債権，リース資産等を購入することにより，総資産のうち株式の占める割合を下げます。

②　事業会社または他社との合併・事業買収等による総資産額の増額

事業を行っている会社との合併や事業買収等を行うことにより，総資産のうち株式の占める割合を下げます。ただし，この場合は事業活動を行うことになるので，事業会社と持株会社両方の運営が必要となります。

③　会社分割による会社規模の変更

会社分割を行うことで，大法人から中・小法人へ変更した場合は，株式保有特定会社から脱しやすくなります。

財産評価基本通達上の会社区分	株式保有特定会社の範囲
大会社の場合	株式・出資の価額 / 総資産価額≧25%
中会社・小会社の場合	株式・出資の価額 / 総資産価額≧50%

④　利益・配当等のコントロール

類似業種比準価額の評価が下がるように，株価決定要素である利益，配当などをコントロールします。

2 持株会社設立の手法

(1)　持株会社への単純売却

持株会社となる会社を設立後，対象会社の株主個人が持株会社へ対象会社の株式を売却する手法です。

売却した個人側で譲渡益が発生した場合は譲渡益課税が行われますが，非上場株式の場合は，譲渡益の20％が税額となります。また，譲渡価額が時価の2分の1未満である場合は，個人側ではみなし譲渡課税（所法59①二），法人側では受贈益課税が行われるため，注意が必要です。

(2)　現物出資

持株会社となる会社を設立後，対象会社の株主個人が持株会社へ対象株式を現物出資する手法です。

現物出資による手法も，2（1）の譲渡と同様に譲渡益が発生した場合は，譲渡益課税が行われます。また，譲渡価額が2分の1未満である場合は，みなし譲渡課税が行われます。

(3)　会社分割

会社分割を活用し，分社型新設分割で事業の全部を分割承継法人に承継させる手法です。

なお，会社分割を行うにあたっては，税制上の適格要件*1が重要視され，それが適格組織再編であるか，非適格組織再編であるかによって，課税関係*2が異なります。

(4) 株式移転・株式交換

株式交換・株式移転により持株会社を設立する手法です。

なお，株式交換・株式移転を行うにあたっては，税制上の適格要件*1が重要視され，それが適格組織再編であるか，非適格組織再編であるかによって，課税関係*2が異なります。

■適格要件(＊1)(法法2十二の十六，法令4⑰)

(1) 100%資本関係を有する場合

株式継続保有要件

同一の者によってそれぞれの法人の発行済株式等の全部を直接または間接に保有される関係にあり，継続保有が見込まれること

(2) 50%超100%超未満の保有関係がある場合

従業員引継要件

子会社のおおむね80%以上の従業員の引継がみこまれること

事業継続要件

子会社の主要な事業の継続が見込まれること

(3) 共同事業を行うための再編の場合

事業関連性要件

親会社と子会社の事業関連性があること

事業規模要件または特定役員参画要件

子会社の規模の割合が5倍以内または特定役員の退任がないこと

従業員引継要件

従業者の80%以上が引続き子会社の事業に従事すること

事業継続要件

子会社の主要な事業の継続が見込まれること

子会社株式継続保有要件

会社が子会社株式を継続して保有すること

上記（1)～(3）のすべての再編において，完全子法人の株主に完全親法人の株式以外の資産が交付されないことが要件（法法２十二の十七，法令４の２⑯～⑳）

■課税関係(＊2)

	移転資産の引継価額	移転資産に係る損益の認識
適格組織再編	簿価引継	認識しない
非適格組織再編	時価引継	認識する

25 従業員持株会の活用

Q

従業員持株会を活用した事業承継対策とは，どのようなものですか。

A

従業員持株会は，本来，従業員の自社株式の取得・保有を促進し，中長期的な資産形成を支援する制度ですが，事業承継対策にも活用することができます。オーナーが所有している自社株式を，経営権に影響しない範囲で従業員持株会に持たせることで，自社株式を社外に流出させることなく，オーナーの相続財産を圧縮させることができます。

解　説

1 従業員持株会とは

従業員持株会の組織形態には，次のものがあります。一般的には①の民法上の組合が大半を占めています。

① 民法上の組合

② 任意団体

③ 人格のない社団

④ 従業員がそれぞれ直接株主になるもの

民法上の組合とは，複数の当事者がそれぞれ出資をして共同の事業を営むことを約することによってその効力が生じる民法667条に規定する組合契約により成立する組合をいいます。

民法上の組合は法人格がないため，従業員持株会自体を株式の名義人とすることはできず，株式の名義は従業員持株会の理事長となります。また，理事長が代表して従業員持株会の管理・運営を行いますが，従業員持株会が所有する財産や損益は持ち分に応じて各組合員に帰属します。

2 メリット・デメリット

(1) メリット

① 相続財産の圧縮

支配株主以外の少数株主に対しては，一般的に純資産価額より低い配当還元価額で譲渡できます。そのため，比較的容易にオーナーが所有する自社株式を譲渡により減少させることができ，相続財産を圧縮することができます。

② 安定株主の確保

一般的に，従業員は外部株主よりも安定株主として期待できます。

③ 従業員の財産形成の実現

株式配当を継続的に行うことによって，通常の銀行金利より高い利回りを受けることができ，福利厚生対策となります。

④ 従業員の経営参加意識の向上

従業員が株主になることによって，従業員の会社経営への関心が高まり，モチベーションが高まることとなります。その結果，会社の業績向上にも資することが期待されます。

(2) デメリット

① 会社運営の混乱

オーナー側と従業員側とで関係が悪化すると会社運営が混乱する可能性があります。

② 買戻す場合の課税問題

オーナー側が従業員持株会から買戻す場合は，原則的評価額で買い戻さなければ贈与の問題が発生します。

③ 換金性

株式市場がないため簡単に換金することができません。

③ 従業員持株会を活用するうえでの注意点

従業員持株会はオーナー，従業員，会社のそれぞれにメリットのある制度ですが，活用に際してはいくつか注意する点があります。

(1)　会社支配権の確保

オーナー一族は会社の支配権を確保するため，議決権の３分の２以上を確保しておく必要があります。そのため，従業員持株会の議決権は３分の１以下にとどめるのが一般的です。

(2)　継続的な配当の実施

従業員のモチベーションを高めるためにも，継続的に配当を実施していくことが重要です。

(3)　規約の作成

トラブル防止のため，従業員持株会規約を作成し，次の点などを規定しておくことが重要です。

①　従業員持株会は民法上の組合形態とし，従業員持株会が株主となり，従業員個人が直接株主とならない。

②　従業員持株会からの株式の引き出しを禁止する。

③　退職により自動的に退会し，持分の払戻しとして，その買取価額や算定方法を明示しておく。

④ 課税上の取扱い

(1)　従業員側

①　取得時

民法上の組合としての従業員持株会は，株式の名義は従業員持株会の理事長となるものの，その財産や収益は組合員である従業員個人に帰属します。

そのため，オーナーから従業員持株会に自社株式を譲渡した場合は，税務上オーナーから従業員個人へ譲渡したと考えます。個人間の譲渡となるため，贈与税の課税に注意が必要です。

支配株主以外の少数株主に対する適正価額は，一般的に配当還元価額となります（財基通188-2）ので，配当還元価額以上であれば課税上問題は生じません。

配当還元価額未満の場合は，配当還元価額と買取価額との差額が低額譲渡として贈与税の課税対象となります（相法7）。ただし，その差額とその年分の他の贈与資産との合計額が110万円以下であれば贈与税は生じません。

② 奨励金受取時

株式購入のための資金を奨励金として会社から支給することがあります。この奨励金は会社からの給与として課税されます（所法28）。毎月支給されるものは毎月の給与と合算して源泉徴収され，年に1〜2度支給されるものは賞与として源泉徴収されます。

③ 配当金受取時

原則として，他の所得と合算して確定申告を行わなければなりません（所法24）。この際，天引きされている源泉所得税20%が精算されます。また，配当控除（所法92①）を受けることができます。

ただし，少額配当(注)については申告不要とするか，確定申告をするか選択することができます（措法8の5①一）

（注） 1銘柄について1回に支払を受けるべき金額が，つぎにより計算した金額以下であるものをいいます。

10万円×配当計算期間の月数（最高12カ月）÷12

(2) オーナー側

非上場株式を譲渡した場合は，譲渡益（譲渡対価－取得費）に対して申告分離課税により所得税15%，住民税5%が課税されます。譲渡損失の場合には他の株式の譲渡益とは通算できますが，他の所得との損益通算はできません（措法37の10①）。

(3)　従業員持株会

上記のとおり，オーナーから従業員持株会に自社株式を譲渡した場合は，オーナーと従業員個人との譲渡と考えるため，従業員持株会には課税関係は生じません。

26 財団法人への寄附

Q

財団法人に自社株式を寄附した場合の課税関係を教えてください。

A

財団法人に自社株式を寄附した場合には，原則として，資産を時価で譲渡したものとみなされ，譲渡所得が課税されます。

ただし，財団法人のうち公益財団法人や一定の特定一般財団法人に自社株式を寄附した場合で，国税庁長官の承認を受けたときは，譲渡所得は非課税となります。

解　説

1 財団法人の概要

従来，財団法人を設立するためには主務官庁の許可が必要でした。しかし，平成20年12月1日に施行された公益法人改革により，一般社団法人・一般財団法人法にもとづき，一定の要件を満たしていれば，許可なしに設立できるようになりました。

なお，平成20年11月30日以前に設立された公益法人は特例民法法人として位置づけられ，平成25年11月30日までに，公益認定を受けて公益財団法人となるか，一般財団法人になるかを選択しなければなりません。

2 メリット

財団法人に自社株式を寄附する場合のメリットは，つぎのとおりです。

① 利益の社会還元・社会貢献の実現

■財団法人の種類

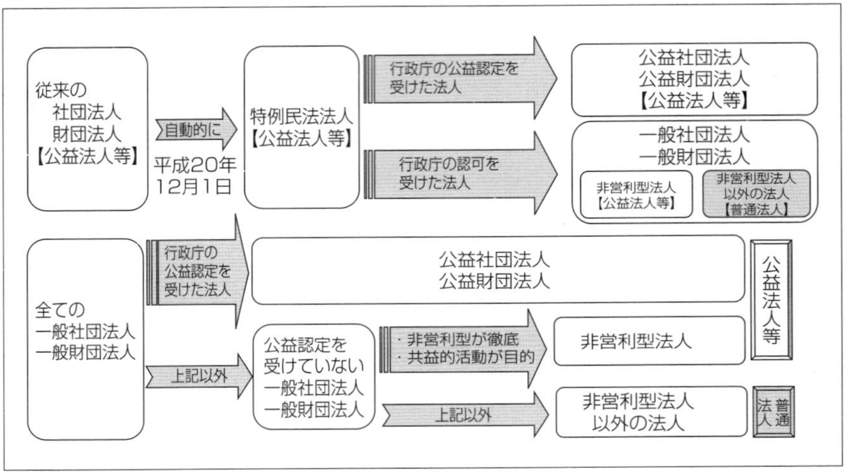

② 安定株主対策

③ 税負担の軽減

3 課税上の取扱い

(1) みなし譲渡と租税特別措置法40条

財団法人に自社株式を寄附した場合には，原則として，資産を時価で譲渡したものとみなして，譲渡所得税が課されます（所法59①）。

ただし，一定の要件を満たす財団法人(注)に自社株式を寄附した場合で，その寄附が教育，文化の向上など公益の増進に著しく寄与するなどの要件を満たすものとして国税庁長官の承認を受けたときは，譲渡所得は非課税となります（措法40①）。国税庁長官の承認申請は寄附した日から4カ月以内に行う必要があります。

（注） この特例の対象となる財団法人は，「公益財団法人」と一般財団法人のうち以下の要件を満たす「特定一般法人」です。

① 剰余金の分配を行わないことを定款に定めていること

② 解散した場合，残余財産を国や一定の公益性を有する団体に贈与することを定款に定めていること

③ 定款における①，②の定めに違反する行為をしたことがないこと

④ 各理事について，理事とその親族等である理事の合計数が理事総数の３分の１以下であること

(2) 非課税の特例の要件

非課税の特例を受けるためには，財産の寄附についてつぎの要件を満たす必要があります（措令25の17⑤)。

① 寄附が，教育または科学の振興，文化の向上，社会福祉への貢献その他公益の増進に著しく寄与すること

具体的な要件については，措置法40条関係通達12（以下，措通40-12）をご参照ください。

② 寄附財産が，寄附があった日から２年を経過する日までの期間内に受贈法人の公益目的事業の用に直接供されまたは供される見込みであること

(注) 株式の場合は，配当金の全部が直接かつ継続して，公益目的事業の用に供されること（措通40-13）

③ 寄附をすることにより，寄附した人の所得税の負担を不当に減少させ，または寄附した人の親族その他これらの人と特別の関係がある人の相続税もしくは贈与税の負担を不当に減少させる結果とならないと認められること

具体的な要件については，措令25の17⑥および措通40-18をご参照ください。

(3) 寄附金控除

個人が公益財団法人に財産を寄附した場合は，所得税の計算にあたって，寄附金控除の適用を受けることができます（所法78)。一方，一般財団法人に寄附した場合は，寄附金控除の適用はありません。

■特定寄附金のイメージ

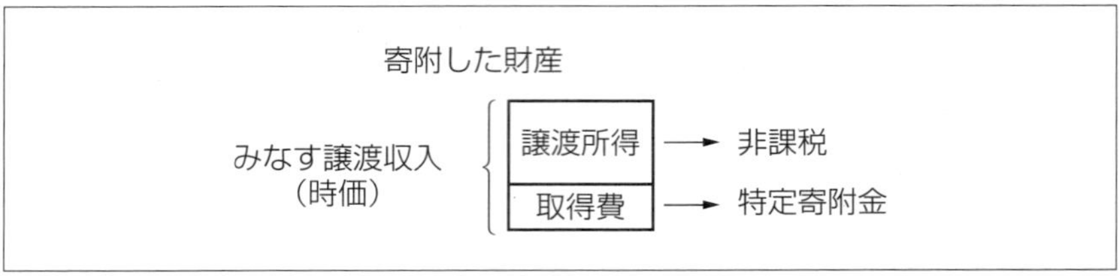

寄附金控除とは，控除の対象となる「特定寄附金」（国や地方公共団体，公益財団法人，公益社団法人などに対する寄附金）を支出した場合に，つぎの金額を所得金額から控除することができる制度です。寄附金控除を受けるためには，確定申告書に寄附金控除に関する事項を記載し，領収書等を添付する必要があります。

寄附金控除額＝①・②のいずれか低い金額－2千円

①　その年に支出した特定寄附金の額の合計額

②　その年の総所得金額等の40%相当額

なお，租税特別措置法40条で非課税とされた場合の特定寄附金の額は，資産の取得費部分の金額だけとなります（措法40⑭）。

27 議決権制限株式の第三者割当増資

Q 自社の保有株式数自体を減少させる以外に，持株比率を下げる方法はありますか。

A 第三者割当増資を行うと，既存株主の持株比率が低下します。この場合に議決権のない株式（Q7 参照）を利用すれば，オーナー一族の増資後の議決権比率を維持することが可能です。また，中小企業投資育成株式会社を増資の引受先として利用することも一つの方法です。

解　説

1 第三者割当増資

(1)　第三者割当増資とは

第三者割当増資とは，既存の株主以外の第三者に新株を割り当て，増資を引き受けてもらうことをいいます。

第三者割当増資のスケジュールは，下記のとおりです。

①　募集事項の決議

株式譲渡制限会社以外の会社は取締役会の決議，株式譲渡制限会社は株主総会の特別決議で株式の募集事項を承認します（会社法 199 ①②，201 ①，309 ②五）。なお，有利発行に該当するときは，株式譲渡制限会社以外も株主総会の特別決議が必要です。

募集事項は，つぎのとおりです。

a　募集株式の数

b　払込金額またはその算定方法

c　現物出資をするときは，その旨ならびにその財産の内容および価額

d　払込（給付）期日または払込（給付）期間

e　新株を発行するときは，増加する資本金および資本準備金に関する事項

② 申込み

募集株式の割当てを受けた者は，書面等により会社に申込みをします（会社法203②③）。

③ 募集株式の割当て

会社は，募集株式を割り当てる者と，割当株数を決定します（会社法204①）。この決議は，定款に別段の定めがある場合を除き，株主総会の特別決議（取締役会設置会社にあっては取締役会の決議）となります（会社法204②，309②五）。

④ 払込と新株発行の効力発生

募集株式の引受人は払込期日または出資の履行をした日に株主となります（会社法209）。

(2) 第三者割当増資の課税関係

第三者割当増資にあたり，有利発行により株式を割り当てた場合には，課税上問題が生じることがあるため注意が必要です。

有利発行とは，株式を時価よりも低い価額で割り当てることをいいます。税務上，非上場会社の「時価」の考え方は一義的ではありませんが，個人に対する場合は所得税基本通達23～35共-9，59-6，法人に対する場合は法人税基本通達2-3-9，4-1-5，4-1-6，9-1-13，9-1-14が参考になります。

有利発行に該当するかどうかは，払込金額を決定する日の現況における発行法人の株式の価額に比して，社会通念上相当と認められる価額を下回るかどうかで判定し，社会通念上相当と認められる価額を下回るかどうかは，株式の価額（時価）と払込金額との差額が株式の価額のおおむね10％相当額以上であるかどうかにより判定します（所基通23～35共7，法基通2-3-7）。

有利発行の場合，有価証券の取得価額は，その有価証券の取得のために通常

要する価額（時価）となり（所令84五，109①二，法令119①四），その有価証券の払込金額と時価との差額は，所得税・法人税の課税対象となります（所令36②，法令22②）。

割当者別の課税上の問題は，次のとおりです。

① 法人株主に有利発行をしたケース

払込金額と時価との差額が，受増益として課税されます。

② 個人株主（同族関係者以外）に有利発行したケース

払込金額と時価との差額が，原則として，一時所得として課税されます。ただし，発行法人の役員または使用人に対してその地位または職務等に関連して新株を取得する権利が与えられたと認められるときは給与所得とし，退職に基因して新株を取得する権利が与えられたと認められるときは退職所得として課税されます（所基通23～35共-6）。

③ 個人株主（同族関係者）に有利発行したケース

給与所得または退職所得として所得税の課税対象となる場合を除き，親族間で価値の移転があったと認められる場合には，贈与税の課税対象となります（相基通9-4）。

2 中小企業投資育成株式会社の活用

(1) 中小企業投資育成株式会社とは

中小企業投資育成株式会社は，昭和38年に中小・中堅企業に対して投資を行う政策実施機関として設立され，「中小企業の自己資本の充実を促進し，その健全な成長発展を図る」ことを目的としています。現在，対象エリアごとに東京，大阪，名古屋に3社あります。

(2) 活用のメリット

① 投資育成会社が新たに株主となることで，経営権の安定を維持したまま，後継者への事業承継がスムーズに行えます。

② 投資育成会社の株式の引受価額は1株当たりの予想利益をもとに，企業

の将来性を総合的に判断して評価されますが，この価額は一般的に相続税評価額よりも低く評価され，税務上も適正とされています（昭48.11.20直審3-126，4-109，5-53）。

収益還元方式	$\dfrac{\text{1株当たりの予想純利益×配当性向}}{\text{期待利回り}}$

中小企業投資育成株式会社に第三者割当増資を行った場合，オーナーの持株比率も下がりますが，株式の相続税評価額自体も下がることになります。

(3) 注意点

① 定時株主総会の開催や決算内容の説明が必要です。

② 早期に株式公開を目指す企業を除き，安定的な配当が求められます。

③ 投資育成会社が保有する株式を譲渡する際の譲渡先には同族関係者以外の者も含まれます。

3 議決権制限株式の割当て

一般的に，取引先や同業他社などが第三者割当増資の引受先となるケースが多く見受けられますが，経営にかかわる者以外の者に議決権が与えられることで，権力の分散や株主総会での混乱が起きることは好ましくありません。

そこで，第三者割当増資を行う場合に，議決権制限株式（Q7参照）を活用すれば，経営サイドの議決権比率を維持したまま，持株比率だけを下げることが可能です。

議決権制限株式を発行する場合は，定款を変更（株主総会の特別決議）し，発行する種類株式の内容と発行できる種類株式の総数を定めます（会社法108）。

なお，非公開会社（株式譲渡制限会社）については発行株式数の制限はありませんが，公開会社（株式譲渡制限会社以外の会社）については，発行できる議決権制限株式は，発行済株式総数の２分の１以下です（会社法115）。

また，会社の希望により，中小企業投資育成株式会社も議決権制限株式の一部引受けが可能となる場合もあります。

28 類似業種比準価額方式の「大会社」への区分変更

Q

相続税法上の株式評価において，会社の規模により株価が変わるというのは本当ですか。

A

相続税法上，原則的評価方法によって株式を評価する場合には，「大会社」，「中会社」，「小会社」という会社区分によって評価方法が異なります。「大会社」に該当すれば，類似業種比準価額と純資産価額のいずれか低い価額で評価することができます。

一般的に類似業種比準価額は，会社側のコントロール可能な要素（配当，利益）をもとに株価を算定するため，株価を引き下げることも可能です。

解　説

1 株式評価の違い

非上場株式の評価において，原則的評価方法が適用される場合には，会社の区分に応じそのウエイトは異なりますが，「類似業種比準価額」と「純資産価額」をもとに算定します。

会社の区分ごとの評価方法は，下記のとおりです。

■会社区分ごとの非上場株式の評価方法

会社区分		評価方法	
大会社		類似業種比準価額	純資産価額
中会社	中会社の大	類似業種比準価額×0.90 ＋1 株当たりの純資産価額×0.10	
	中会社の中	類似業種比準価額×0.75 ＋1 株当たりの純資産価額×0.25	
	中会社の小	類似業種比準価額×0.60 ＋1 株当たりの純資産価額×0.40	
小会社		類似業種比準価額×0.50 ＋1 株当たりの純資産価額×0.50	

（注） 類似業種比準価額＞純資産価額のときは，純資産価額で評価できます（全会社共通）。

2 会社区分の違い

非上場株式の評価においては，上記のとおり会社の規模により「大会社」，「中会社」，「小会社」に区分されます。

従業員が 100 人以上の会社は「大会社」に該当します。

従業員が 100 人未満の会社の場合は総資産価額・従業員数・取引金額の 3 要素（直前期ベース）で判断します。この場合の総資産価額は帳簿価額ベースで，取引金額とは売上高です。

業種ごとの会社規模の判定基準は，下記のとおりです。表中，「L」とは類似業種比準価額の割合です。

■卸売業の場合の大会社・中会社・小会社の区分基準

<table>
<tr><th>取引金額
総資産価額
従業員数</th><th>2億円
未満</th><th>2億円以上
25億円未満</th><th>25億円以上
50億円未満</th><th>50億円以上
80億円未満</th><th>80億円
以上</th></tr>
<tr><td>7,000万円未満
または5人以下</td><td>小会社</td><td rowspan="2">中会社の小</td><td rowspan="3">中会社の中</td><td rowspan="4">中会社の大</td><td rowspan="5">大会社</td></tr>
<tr><td>7,000万円以上
5人以下を除く</td><td>L＝0.6</td></tr>
<tr><td>7億円以上
30人以下を除く</td><td colspan="2">L＝0.75</td></tr>
<tr><td>14億円以上
50人以下を除く</td><td colspan="3">L＝0.9</td></tr>
<tr><td>20億円以上
50人以下を除く</td><td colspan="4"></td></tr>
</table>

■小売業・サービス業の場合の大会社・中会社・小会社の区分基準

<table>
<tr><th>取引金額
総資産価額
従業員数</th><th>6,000万円
未満</th><th>6,000万円
以上
6億円未満</th><th>6億円以上
12億円未満</th><th>12億円以上
20億円未満</th><th>20億円
以上</th></tr>
<tr><td>4,000万円未満
または5人以下</td><td>小会社</td><td rowspan="2">中会社の小</td><td rowspan="3">中会社の中</td><td rowspan="4">中会社の大</td><td rowspan="5">大会社</td></tr>
<tr><td>4,000万円以上
5人以下を除く</td><td>L＝0.6</td></tr>
<tr><td>4億円以上
30人以下を除く</td><td colspan="2">L＝0.75</td></tr>
<tr><td>7億円以上
50人以下を除く</td><td colspan="3">L＝0.9</td></tr>
<tr><td>10億円以上
50人以下を除く</td><td colspan="4"></td></tr>
</table>

■卸売業・小売・サービス業以外の場合の大会社・中会社・小会社の区分基準

<table>
<tr><th>取引金額
総資産価額
従業員数</th><th>8,000 万円
未満</th><th>8,000 万円
以上
7 億円未満</th><th>7 億円以上
14 億円未満</th><th>14 億円以上
20 億円未満</th><th>20 億円
以上</th></tr>
<tr><td>5,000 万円未満
または 5 人以下</td><td>小会社</td><td rowspan="2">中会社の小</td><td rowspan="3">中会社の中</td><td rowspan="4">中会社の大</td><td rowspan="5">大会社</td></tr>
<tr><td>5,000 万円以上
5 人以下を除く</td><td>L＝0.6</td></tr>
<tr><td>4 億円以上
30 人以下を除く</td><td colspan="2">L＝0.75</td></tr>
<tr><td>7 億円以上
50 人以下を除く</td><td colspan="3">L＝0.9</td></tr>
<tr><td>10 億円以上
50 人以下を除く</td><td colspan="4"></td></tr>
</table>

❸「大会社」となる方法

「大会社」となるためには，総資産価額・従業員数・取引金額を増加させる必要があります。現状は「中会社」に該当するが，判定要素が「大会社」の基準に近いようなケースでは，会社区分の変更を検討してみる価値があります。

具体的な方法は，下記のとおりです。

① 合併

② 事業の譲受

③ 増資

④ 借入れによる新規の投資

ただし，総資産（相続税評価額ベース）に占める株式等や土地等の割合によっては，株式評価上，「株式保有特定会社」や「土地保有特定会社」に該当する可能性があり（財基通 189），該当する場合は，原則として純資産価額で評価（財基通 189-3，189-4）されるため，注意が必要です。

29　赤字決算・含み損の利用

Q

事業承継の税務対策上，株式数の減少対策のほか，株価の引下げ対策も検討しています。株価を引き下げる有効な方法はありますか。

A

含み損を抱える遊休不動産を売却し譲渡損を実現させることで株価を引き下げることができます。

解　説

1 含み損の実現による株価の引下げ

非上場会社の株式は，類似業種比準価額と純資産価額によって評価します。純資産価額は，土地建物などの不動産や有価証券などを時価で評価する（財基通185）ため，含み損を抱えていても株価には影響しませんが，類似業種比準価額は，配当・利益・純資産の３要素で算定する（財基通180）ため，含み損を実現することで株価を引き下げることができます。

具体例は，つぎのとおりです。

A社は含み損のある土地を売却し，赤字決算にしたうえ，無配にします。

■含み損実現前

A社B/S

資産　25億円	負債　20億円
	資本金　1億円 利益剰余金　9億円 （発行済株式総数 200万株）
土地　5億円 （時価　2億円）	

※大会社に該当するものとし，株式保有特定会社・土地保有特定会社には該当しないものとします（含み損実現後も同様）。

	課税所得	配当金	純資産
直前期	5,000万円	1,000万円	10億円
直前々期	5,000万円	1,000万円	

卸売業	株価 (a)	配当金額 (b)	利益金額 (c)	純資産価額 (d)
類似業種	135円	4.0円	16円	209円
A社	—	5.0円	25円	500円

（株価）

$$135円\times\frac{\frac{5.0}{4.0}+\frac{25}{16}\times 3+\frac{500}{209}}{5}\times 0.7=156円$$

■含み損実現後

A 社 B/S

資産	25 億円	負債	20 億円
		資本金 利益剰余金 （発行済株式総数 200 万株）	1 億円 6 億円
売却代金	2 億円		

	課税所得	配当金	純資産
直前期	△ 2.5 億円	0 円	7 億円
直前々期	5,000 万円	1,000 万円	

卸売業	株価 (a)	配当金額 (b)	利益金額 (c)	純資産価額 (d)
類似業種	135 円	4.0 円	16 円	209 円
A 社	—	2.5 円	0 円	350 円

（株価）

$$135\text{円}\times\frac{\frac{2.5}{4.0}+\frac{0}{16}\times 3+\frac{350}{209}}{5}\times 0.7=42\text{円}$$

含み損を実現し，かつ，無配としたことにより，1 株当たりの株価は 3 分の 1 以下に下がります。このタイミングを利用すると，少ない税負担で株式の移動ができます。

（参考）生命保険による株価引下げについては Q22 を，退職金による株価引下げについては Q23 をご参照ください。

30 新株予約権，ストック・オプションの活用

Q

後継者へ株式を移転させるツールの一つとして新株予約権，ストック・オプションが有効と聞きましたが，具体的に教えてください。

A

株価の安いうちに後継者に新株予約権を発行し，将来株価が上昇した時に後継者が権利行使をすれば，少ない資金負担で自社株式を取得することができ，所有株式数を高めることができます。

解　説

1 新株予約権とは

新株予約権とは，株式会社に対して行使することにより当該株式会社の株式の交付を受けることができる権利をいいます（会社法2二十一）。新株予約権を取得した者は，あらかじめ定められた一定期間内に，あらかじめ定められた一定の金額を払い込むことによって，会社の株式を取得することができます。

新株予約権は，資金調達のほか，株式報酬（ストック・オプション），M＆Aの手段，企業防衛策，資本提携の手法などとして活用されています。事業承継においては，後継者に新株予約権を大きく付与しておくことにより，将来の株式所有の権利を確保しておくことができます。

2 新株予約権の発行手続

(1)　新株予約権の内容

会社が新株予約権を発行するときは，その内容としてつぎの事項を定めなけ

ればなりません（会社法236①）。

① 新株予約権の目的である株式の数またはその数の算定方法
② 新株予約権の行使に際して出資される財産の価額またはその算定方法
③ 現物出資をするときは，その旨ならびに当該財産の内容および価額
④ 新株予約権の行使期間
⑤ 新株予約権の行使により株式を発行する場合における増加する資本金および資本準備金に関する事項
⑥ 譲渡による新株予約権の取得について発行会社の承認を要することとするときは，その旨
⑦ 一定の事由が生じたことを条件として会社が新株予約権を取得することができるときは，その旨およびその事由等の取得条件
⑧ 合併・吸収分割，新設分割，株式交換，株式移転をする場合において，新株予約権者に存続会社・新設会社等の新株予約権を交付するときは，その旨およびその条件
⑨ 新株予約権者への交付株式数の1株に満たない端数を切り捨てるときは，その旨
⑩ 新株予約権証券を発行することとするときは，その旨
⑪ 新株予約権証券を発行する場合で，新株予約権者が記名式証券・無記名式証券間の転換請求の全部または一部をすることができないときは，その旨

なお，上記①～④は新株予約権の発行後，新株予約権の数，行使条件とあわせて登記しなければなりません（会社法911③十二）。

(2) 新株予約権の発行手続

新株予約権の発行手続は，下記のとおりです。

■新株予約権の発行手続の流れ

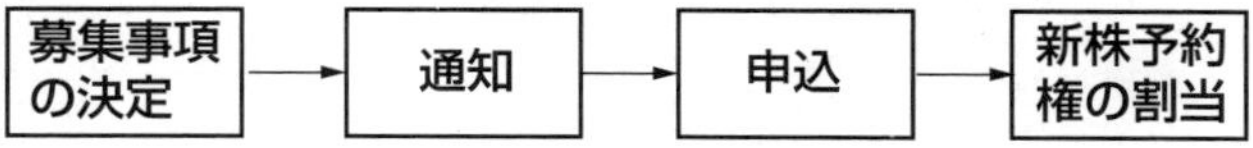

［募集事項］
a　新株予約権の内容（上記①）および数
b　新株予約権を無償発行する場合には，その旨
c　新株予約権の払込金額またはその算定方法
d　新株予約権の割当日
e　払込期日を定めるときは、その期日
f　新株予約権付社債に付されたものである場合には社債の発行に関する事項
g　fについて買取請求方法につき別段の定めをするときは，その定め

募集事項の決定は，原則として，公開会社（株式譲渡制限会社以外の会社）では取締役会の決議（会社法240）ですが，非公開会社（株式譲渡制限会社）では株主総会の特別決議（株主総会の特別決議によって取締役会に委任可能）（会社法238②，309②六，239）となります。

ただし，公開会社であっても，有利発行の場合には，株主総会の特別決議が必要です（会社法238②③，309②六）。

(3)　新株予約権の行使

新株予約権の行使にあたっては，新株予約権の内容および数，行使日を明らかにして行使をすることになります（会社法280①）。

新株予約権者は，金銭もしくは金銭以外の財産を権利行使日に全額払い込むことで，株主となります（会社法281①②，282）。

❸ 新株予約権の課税関係

新株予約権を取得した者には，発行形態に応じて，つぎのとおり課税関係が生じます。

■新株予約権の課税関係

	発行時	権利行使時	株式譲渡時
株主割当 時価発行 第三者割当	課税なし 取得価額：払込金額 所令 109 ①一	課税なし 取得価額： 払込金額＋行使価額 所令 109 ①一	課税あり（譲渡所得） 所得金額： 収入金額－（払込金額＋行使価額＋譲渡経費） 措法 37 の 10
有利発行 第三者割当	課税なし 取得価額：払込金額 所令 109 ①一	課税あり （給与所得 or 事業所得 or 雑所得） 所得金額： 行使時の時価－（行使価額＋払込金額） 取得価額：時価 所法 36 所令 84 ①一～四，109 ①二 所基通23―35共6（2）	課税あり（譲渡所得） 所得金額： 収入金額－（行使時の時価＋譲渡経費） 措法 37 の 10
税制適格 ストック オプション	課税なし	課税なし 措法 29 の 2 ①，措令 19 の 3	課税あり（譲渡所得） 所得金額： 収入金額－（行使価額＋譲渡経費）

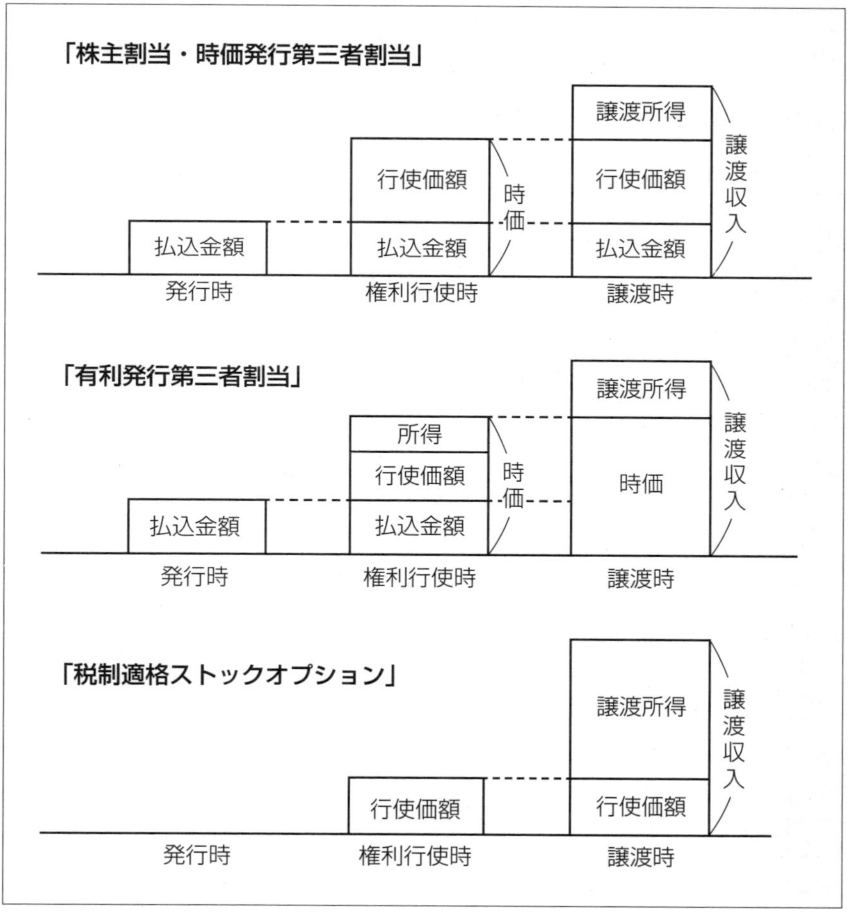
「株主割当・時価発行第三者割当」
譲渡所得
行使価額
時価
行使価額
譲渡収入
払込金額
払込金額
払込金額
発行時
権利行使時
譲渡時
「有利発行第三者割当」
譲渡所得
所得
行使価額
時価
時価
譲渡収入
払込金額
払込金額
発行時
権利行使時
譲渡時
「税制適格ストックオプション」
譲渡所得
譲渡収入
行使価額
行使価額
発行時
権利行使時
譲渡時

ケーススタディ編

case study 01 持株会社・資産管理会社の実際

持株会社による自社株式の間接保有の目的と効果，その後の対策を考えていきましょう。

POINT

1．持株会社に自社株式をシフトさせることで，将来の株価上昇の影響を軽減することが可能です。

2．株式のシフト後に持株会社の資産構成を組み替えることで，持株会社の相続税評価額を下げることが可能です。

事例

A社は電子部品製造業を営む非上場会社で，A社の株式は創業者である代表取締役社長のS氏が設立以来直接100%保有している。近年A社は海外の新興国数カ国に子会社を設立し，その子会社が急激に業績を伸ばしている。子会社株式の上昇により，今後親会社であるA社の株価の急激な上昇が見込まれており，まだそれほど株価上昇していない今の時期に，将来の相続のためにA社株式について何か対策をしておきたいとS氏は考えている。

S氏は現在50歳で，妻と二男一女の5人家族である。妻は専業主婦，子は学生で，後継者は決まっていない。現時点でのA社の株価総額は1億円で，今の業績を維持すれば，10年後に約10倍になる見込みである。なお，S氏のA社株式の取得価額は設立時の出資金額である5千万円であった。

S氏は，まだ学生である3人の子らを形だけの株主・役員に据えることに抵抗があり，S氏が100%議決権を保持したままの株式のシフトを希望していた。

■親族・持株関係図

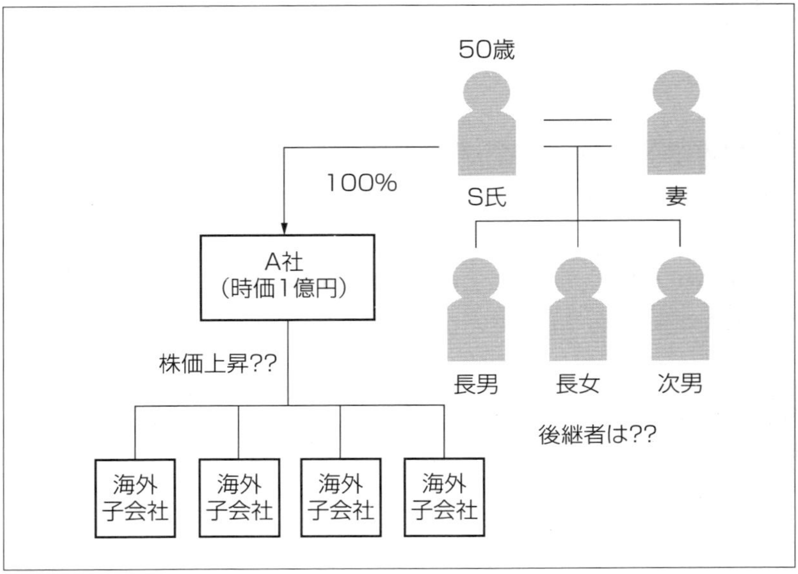

まず，A社株式の将来の株価上昇抑制のため，A社株式100%を新設持株会社B社に株式移転して，A社株式を間接保有とした。この株式移転は100%資本関係を有するグループ間での株式移転であったため，税務上，適格株式移転に該当し，譲渡益に対する課税は繰り延べられた。

その後，A社配当が入金した段階で，「株式保有特定会社」への該当を回避すべく，不足分の資金調達を銀行借入れにより賄い，収益物件を購入する運びとなった。

なお，S氏は自社株式の相続対策がきっかけで，次世代への事業承継の重要性を痛感され，本業のみならず，後継者育成にも力を注ぎ始めた。

■資産管理会社の設立

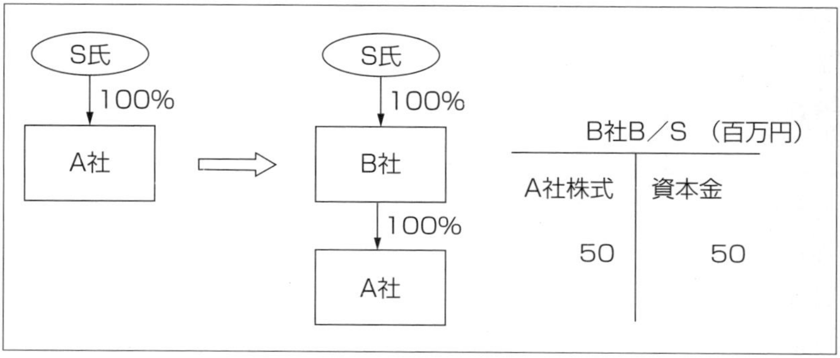

検 討

❶ 株式の間接的保有へ

(1) 持株会社のメリット

オーナー経営者が自社株式を直接保有せず，持株会社（オーナー経営者の不動産等の他の資産も保有している場合は，「資産管理会社」とも言われます）を介して間接的に保有するケースが増えています。上場企業の株主構成を見ても，持株会社に株式の一部を保有させているケースが多々見受けられます。

それではなぜ，持株会社に自社株式を持たせるのでしょうか。その理由は，下記のようなメリットがあるためです（Q24 参照）。

① 相続発生時における株式分散化の防止

② 株価上昇の抑制

③ 財産の組み換え等による株価の引下げ

そのほかにも，いわゆるホールディングカンパニーとして株式を保有させるのであれば，ホールディングカンパニーがグループ全体の戦略を立案し，事業会社に指揮命令を行い，事業会社は事業に専念することで，戦略と事業の分離を図ることができ，経営責任が明確化されるなどのメリットがあります。

(2)　シフト時の留意点

自社株式の持株会社へのシフトにあたっては，相続発生時の遺産分割を念頭に置いて慎重に検討すべきです。

今回の事例のケースは，①S氏の年齢から考えて相続開始は当分先であること，②後継者もまだ決まっていないこと，③S氏がまだ学生である3人の子らを形だけの株主に据えることに抵抗があったことなどから，資産管理会社はS氏のみが出資することとなりました。しかし，本来であれば将来の相続を見越して，持株会社の株主や役員に3人の子を配置することが望ましかったといえます。仮に，長男が事業を引継ぐことが決まっており，次男・長女は経営にタッチしないということであれば，議決権制限株式などの種類株式を活用したり，持株会社を複数に分けるなどして，スムーズな遺産分割ができるように整えておくことが望ましいと言えます（Q7，9　ケーススタディ07参照）。

また，持株会社に持たせる自社株式の割合も重要です。議決権の割合や受取配当等の益金不算入（法法23）の適用，自社株式の売却による譲渡所得税の額などを考慮して，慎重に検討すべきです。配当金に関しては，後述のとおり，グループ税制の導入により，100％子会社からの配当金は負債利子を控除することなく全額益金不算入となり，持株会社の税コストを抑えることができます。譲渡所得税に関しても，後述のとおり，回避することが可能なケースがあります。

シフトする株式が上場株式で，発行済株式の5％超を保有しているときは，大量保有報告書の提出が必要となりますので注意が必要です。

❷持株会社への株式移動

(1)　持株会社の設立と株式のシフト

持株会社へ株式をシフトさせるには，①新設の会社や既存の会社に株式を売却する方法，②株式を現物出資して会社を新設する方法，③会社分割による方法，④株式交換・株式移転による方法などがあります（Q24参照）。

①の方法の場合には資金調達が必要であるのに対して，②～④の方法は資金

調達が不要です。オーナー経営者の保有財産の大部分が株式で，現預金などのキャッシュがほとんどないような場合には，現物出資や株式交換・移転などの組織再編による方法を検討することとなります。

また，①・②の方法の場合は譲渡益に対して譲渡所得税が課税されますが，③・④の方法の場合は，一定の要件を満たせば課税を繰延べることが可能です。

実際には，②の現物出資による設立の方法と③の株式移転による設立の方法が使われるケースが多いようです。以下，現物出資の場合と株式移転の場合の設立手続と課税関係を説明します。

(2) 設立手続のポイント

① 現物出資の場合

通常の会社設立手続に加え，現物出資の場合には，現物出資財産につき，定款への記載・記録および検査役の調査が必要です。ただし，つぎの場合には検査役の調査は不要です（会社法 33 ⑩）。

① 現物出資財産の総額が 500 万円を超えない場合
② 現物出資財産が市場価格のある有価証券である場合に，定款記載の価額が定款認証日における市場の最終価格を超えない場合
③ 現物出資財産の定款記載の価額が相当であることについて弁護士，弁護士法人，公認会計士，監査法人，税理士，税理士法人の証明を受けた場合

② 株式移転の場合

株式移転の手続の流れは，下記のとおりです。

① 株式移転計画の作成
② 事前開示書面の備置
③ 株主総会の承認
④ 株主等への通知

⑤　完全子会社での株券提出手続※1
⑥　官報公告および債権者に対する個別催告通知※2
⑦　移転反対株主の買取請求
⑧　設立登記（＝株式移転の効力発生）
⑨　事後開示書面の備置
※1　株券不発行会社は不要
※2　完全子会社の新株予約権付社債を完全親会社に承継させる場合のみ

(3)　課税関係

①　現物出資の場合

法人が現物出資をする場合には適格要件を満たせば課税されませんが，個人が現物出資をする場合には，現物出資も資産の譲渡に該当し，通常の株式を売却した場合と同様に，譲渡益が発生していれば譲渡所得税が課税されます。

株式の譲渡所得は，申告分離課税で，所得税15%，住民税5%の合計20%（金融商品取引業者等を通じた上場株式等の譲渡の場合は，平成23年までは所得税7%，住民税3%の合計10%）の税率です。

株式以外の譲渡損との相殺はできませんが，自社株式以外の株式で含み損が発生している株式があれば，自社株式の譲渡益と相殺でき，譲渡所得税を軽減することが可能です。バブル時代に購入した株式で，含み損を抱えて塩漬けになっているような株式があれば，このタイミングでの売却を検討する必要があります。

また，資産管理会社へシフトする株式が上場株式の場合には，事前に市場でクロス取引をした後に現物出資を行うケースが見受けられます。これは税率が優遇されているほか，譲渡損が発生した場合は繰越控除が適用できるためです。

現物出資の場合の譲渡収入は，現物出資により取得した株式の時価です（所法36②）。また，取得費は，通常の譲渡の場合と同様の方法で算定します。概算取得費（所基通38-16）も適用できます。

今回の事例でＳ氏が現物出資により資本金１億円のＢ社を設立したと仮定

すると，課税関係は下記のとおりとなります。

譲渡所得　譲渡収入１億円－取得費 5,000 万円＝5,000 万円
譲渡所得税　譲渡所得 5,000 万円×20%＝1,000 万円

なお，現物出資により取得した資産管理会社の株式の取得価額は，資産管理会社の株式の取得時の時価です（所令 109 ①五）。

② 株式移転の場合

a 株主側の取扱い

株式移転の場合には，株式以外の資産が交付されない場合には，譲渡がなかったものとみなされ，課税されません（所法 57 の 4 ②）。また，この場合の完全親法人の株式の取得価額は，旧株の取得価額です（所令 167 の 7 ③④）。

b 完全子法人側の取扱い

株式移転を行った場合には，原則として完全子法人において一定の資産につき時価評価され，その評価差額につき課税されます。しかし，一定の要件を満たす適格株式移転については時価評価がされず，課税が繰り延べられます（Q24 参照）。

なお，株式移転においては，法人間における事業や資産の移転はなく，所得の移転もないため，欠損金の引継や特定資産譲渡等損失の損金算入制限などの規定はありません。

❸ 持株会社の財産の組み替え

(1) 株式保有特定会社の株式評価

上記のように，株式のみを現物出資して設立した持株会社は，相続税法上の「株式保有特定会社」に該当し，その場合の評価は原則として，純資産価額方式になります。

「株式保有特定会社」とは，下記に該当する会社をいいます。

小会社および中会社……株式・出資の合計額≧総資産×50% 大会社……………………株式・出資の合計額≧総資産×25% ※株式・出資および総資産の価額は相続税評価によります。

一般的に，純資産価額方式のみにより計算した価額の方が，類似業種比準価額方式により算出した価額よりも高く評価されることが多く，「株式保有特定会社」に該当すると不利になります。

そのため，持株会社の総資産に占める株式の保有割合を下げ，「株式保有特定会社」に該当するのを回避する必要があります。具体的には，不動産の購入，保険積立金，借入対策，設備投資，株主割当増資，第三者割当増資，合併，事業買収などを検討することになります（Q24参照）。

(2) 資産構成の検討

「株式保有特定会社」回避の手法としては，収益物件（家賃収入が得られる投資用の不動産）の購入を使うケースが多く見受けられます。

今回の事例のケースでは，銀行借入により資金調達を行い，2億円の不動産を購入し，株式保有割合を下げて回避しました。

■株式保有特定会社が2億円の不動産を購入した場合

〈現状〉

B／S　（百万円）

株　式	100		
		資　本	100
合　計	100	合　計	100

株式保有割合　100／100=100%…該当

⇨

〈不動産購入後〉

B／S　（百万円）

株　式	100	借入金	200
不動産	200	資　本	100
合　計	300	合　計	300

株式保有割合　100／300=33%…非該当

（小中会社の場合）

「株式保有特定会社」から外れることで，類似業種比準価額方式での相続税評価が可能となり，株価のコントロールも可能となります（Q28，29参照）。

(3) さらなる株価の引下げの検討

前述したとおり，持株会社設立のメリットとして，株価上昇の抑制があげられます。これは，株式のシフト後に株価が上昇した場合に，その含み益から法人税等相当額の45%を控除して相続税法上評価できるためです（財基通186-2）。ただし，適格株式移転により受け入れた株式の場合には，その受入価額（完全子法人の株主の帳簿価額）と株式移転時の価額との差額は法人税等相当額の控除ができないため注意が必要です。

仮に，現在1億円のA社株式が10年後に10倍になったとした場合の相続税法上の純資産価額は，S氏が直接保有していた場合（評価額10億円）と比較して半額近く評価が下がります（不動産の評価額については考慮していません）。

■株価上昇の抑制

B／S　（百万円）

A社株式　50 （設立時時価 100） （10年後時価 1,000）	借入金　200
不動産　200	資本金　50

※時価純資産価額
1,000百万円

※相続税純資産価額
1,000−{(1,000−50)×45%
−(100−50)×45%}=595百万円
↑
現物出資等受入れ差額

その他にも，さらなる株価の引下げを検討する余地はあります。法人契約での生命保険への加入や役員退職金の支給，含み損の活用など複数のスキームを組み合わせて（Q22，23，29参照），将来の相続税の納税資金の確保とあわせて検討する必要があります。

❹持株会社・資産管理会社の運営

(1) 法人税の課税

① 受取配当金収入

配当金課税については，法人の場合は受取配当等の益金不算入の適用があります（法法 23)。受取配当等の益金不算入額は，その配当等の起因となる株式等を完全子法人株式等，関係法人株式等，その他の株式等に区分して計算します。完全子法人株式の場合は負債利子を控除する必要がなく，全額が益金不算入となります。

	定　義	益金不算入額
完全子法人株式等	配当等の額の計算期間の開始日から末日まで継続して完全支配関係（100%）があった株式等	全額
関係法人株式等	発行済株式総数の25％以上を配当等の効力発生日以前6カ月以上引続き保有している株式等	配当等の額－負債利子
その他の株式等	完全子法人株式等・関係法人株式等以外の株式等	（配当等の額－負債利子）×50%

② ロイヤリティ収入

持株会社に対する事業会社からの利益の還元の方法としては，配当として分配するほかに，いわゆるホールディングカンパニーの場合にはロイヤリティを支払うケースも見受けられます。「売上げの○％を経営指導料として」事業会社から親会社である持株会社・資産管理会社に支払うとしているケースが多いようです。配当の場合は益金不算入の適用を受けられますが，ロイヤリティの場合には持株会社・資産管理会社側で課税されてしまいます。その一方，事業会社側では損金として処理できますので，事業会社側での節税対策にもつながります。ただし，あまりにも高額な場合や実体がないような場合には子会社から親会社に対する寄附として認定されるリスクがありますので，採用にあたっては慎重に検討する必要があります。例えば，持株会社が事業会社に経営指導を行っている場合には，最低限，誰が，いつ，どのような指導を行ったかを立証できるように履歴を残すなど，指導実体をわかりやすく可視化しておく必要があります。また，ロイヤリティの料率についても毎期継続して適用する必要があります。

(2) 今後の展開

① 株主の変更

後継者が決まった場合には，後継者に議決権を集中させ，後継者以外の子には財産権を確保できるようなスキームを構築することが重要です。

② 役員の変更

妻や子が役員に就任した場合には，持株会社・資産管理会社から役員給与を支給することにより，ファミリー内での所得の分散と個々人の相続税の納税資金の確保が図れます。

ただし，その職務に対して過大な役員給与は損金として認められないため，金額の決定には注意が必要です。

結 論

❶ 持株会社への自社株式のシフト

持株会社に自社株式をシフトさせることで，将来の株価上昇の影響を軽減することが可能です。シフト時には，将来の相続を見越し，保有割合にも注意しながらシフトさせることが重要です。

❷「株式保有特定会社」の回避

株式のシフト後に持株会社の資産構成を組み替えることで持株会社の相続税評価額を下げることが可能です。その他にも株価の評価引き下げを検討し，最善策を組むことが重要です。

case study 02 自社株式の生前贈与

経営者の生前に，所有する自社株式を親族に贈与する場合の留意点について考えてみましょう。

POINT

自社株式の贈与の際には，受贈者に贈与税が生じることから，事前の節税対策および納税資金の手当てが重要です。有利な評価方法である配当還元価額や相続時精算課税制度の活用により，相続税および贈与税の節税を図ることができます。

自社株式の贈与後の持株関係図を描き，配当のみを期待する少数株主として自社株式を保有してもらう親族などに対し，配当還元価額による贈与を行うことを検討します。その際，株式を広範囲に分散し過ぎると，後継者の所有議決権割合が低下し，経営権に支障がでることも考えられますので配慮が必要です。

また，将来自社株式の値上がりが見込まれる場合，相続時精算課税制度の選択が有用です。相続時精算課税制度は一度選択するとその贈与者との関係においては暦年課税には戻れないため，選択の前に，メリット・デメリットをよく比較しておくことが大切です。

事例A

K社はX氏を創業者とする自動車部品製造を営む非上場会社である。経営は数年前から長男のA氏に譲り，自社株式の50%は既にA氏に移したものの，残りの50%はX氏が所有したままであった。K社は相続税の財産評価上の中会社（Lの割合0.6）に該当し，1株当たりの純資産価額20,000円，類似業種比準価額10,000円，配当還元価額5,000円，発行済株式数は10,000株である。

X氏には長男をはじめとして4人の子供と10人の孫がいる。そこで，X氏の所有株式を次男B，長女C，次女Dと各孫に300株ずつ生前贈与することにした。

自社株の評価上，次男 B，長女 C および次女 D は中心的な同族株主に該当し原則評価になるが，一部の孫達は中心的な同族株主に該当しないため，特例的評価方法である配当還元方式により評価を行うことができた。贈与税コストを抑えつつ次世代以降への株式移転により，相続財産を圧縮することができた。

〈贈与後の議決権割合〉

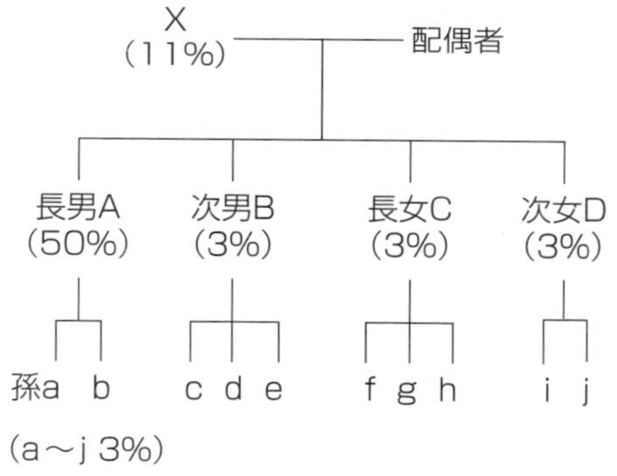

事例 A の検討

❶ 自社株式の評価

贈与税の計算上，自社株式の評価は，財産評価基本通達 178～189-7 に従って行います（Q15 参照）。まず株主判定を行い，配当還元価額方式による評価が可能か否かを確認します。この株主判定は贈与後の株主の状況により行います。

(1) 同族株主の判定

X 社は筆頭株主である長男 A およびその同族関係者（6 親等内の血族および 3 親等内の姻族など）が議決権割合 100％を所有するため，次男 B・長女 C・次女 D および各孫は同族株主に該当します。

(2) 中心的な同族株主の判定

中心的な同族株主とは，課税時期において同族株主の１人ならびにその株主の配偶者，直系血族，兄弟姉妹および一親等内の姻族（これらの者の同族関係者である会社のうち，これらの者の保有議決権割合が25％以上である会社を含みます）の保有議決権割合が25％以上である場合におけるその株主をいいます。贈与後の保有議決権割合により各人ごとに判定します。

次男Ｂ：

Ｂ氏3％＋Ｘ氏11％＋Ａ氏50％＋Ｃ氏3％＋Ｄ氏3％＋孫ｃ3％＋孫ｄ3％＋孫ｅ3％＝79％

長女Ｃ：

Ｃ氏3％＋Ｘ氏11％＋Ａ氏50％＋Ｂ氏3％＋Ｄ氏3％＋孫ｆ3％＋孫ｇ3％＋孫ｈ3％＝79％

次女Ｄ：

Ｄ氏3％＋Ｘ氏11％＋Ａ氏50％＋Ｂ氏3％＋Ｃ氏3％＋孫ｉ3％＋孫ｊ3％＝76％

孫ａ・ｂ：

Ｘ氏11％＋Ａ氏50％＋孫ａ3％＋孫ｂ3％＝67％

孫ｃ・ｄ・ｅ：

Ｘ氏11％＋Ｂ氏3％＋孫ｃ3％＋孫ｄ3％＋孫ｅ3％＝23％

孫ｆ・ｇ・ｈ：

Ｘ氏11％＋Ｃ氏3％＋孫ｆ3％＋孫ｇ3％＋孫ｈ3％＝23％

孫ｉ・ｊ：

Ｘ氏11％＋Ｄ氏3％＋孫ｉ3％＋孫ｊ3％＝20％

次男Ｂ，長女Ｃ，次女Ｄおよび孫ａ・ｂは判定の結果，所有議決権割合が25％以上のため，中心的な同族株主に該当します。一方，孫ｃからｊは議決権割合が25％未満のため，中心的な同族株主には該当しません。

(3) 評価方法

株主判定の結果，次男B，長女C，次女Dおよび孫a・bは中心的な同族株主に該当するため，原則的評価方法により評価します。

孫cからjは中心的な同族株主には該当せず，かつ各人の所有議決権割合が5%未満であり，会社の役員等でもないことから，特例的評価方法である配当還元価額により評価します。今回のように同じ株式数の贈与を行っても，受贈者によって評価方法が異なることになります。

❷贈与税の計算

贈与税の計算は，つぎのように行います。

贈与税額＝（1年間にもらった財産の合計額－基礎控除（110万円））×税率

財産の合計額が110万円に満たない場合には，贈与税の申告は不要です。

(1) 子B・C・Dおよび孫a・b

1株当たりの評価額：類似業種比準価額10,000円×0.6（Lの割合）

＋純資産価額20,000円×(1－0.6)＝14,000円

贈与株式の評価額：14,000円×300株＝420万円

贈与税額：(420万円－110万円)×20%－25万円＝37万円

(2) 孫cからj

贈与株式の評価額：配当還元価額5,000円×300株＝150万円

贈与税額：(150万円－110万円)×10%＝4万円

❸贈与の痕跡

自社株式を贈与する場合には，その贈与の証拠を残しておくことが重要です。贈与契約書を必ず作成し，贈与税の申告を行う，贈与後は配当を行い所得税の確定申告を行うことなどが有用です。事例Aの場合も，各個人ごとに贈与契約書を作成し，贈与財産額が基礎控除額を上回るため，株式の贈与を受けた子

供，孫がそれぞれ贈与を受けた年の翌年2月1日から3月15日までの間に贈与税の申告を行う必要があります。

事例B

不動産および有価証券を所有する資産管理会社P社はY氏が100%株式を所有していたが，この度，P社の所有するQ社株式が上場することになり，上場後はQ社の株価の高騰によりP社の評価額の上昇が見込まれることから，上場前の早い段階で3人の子供に均等に株式を贈与しておくことにした。

P社は相続税の財産評価上，1株当たりの評価額は60,000円，発行済株式数は1,500株の株式保有特定会社に該当した。各子供は相続時精算課税を選択し，贈与税の申告を行った。

贈与の8年後，Y氏の相続が発生した。相続の時点ではQ社は上場し，市場価額は贈与時の10倍になっていたため，P社の1株当たりの評価額は200,000円に上昇していた。しかし，贈与の際に相続時精算課税による申告を行っていたため，贈与時の価額である1株当たり60,000円で計算した評価額を相続財産に加算し，納付した贈与税を精算した。相続時精算課税により贈与していなかった場合と比べて，相続財産の評価額が（200,000円−60,000円）×1,500株＝2億1,000万円低くなり，相続税額の節税を図ることができた。

〈贈与後の持株割合〉

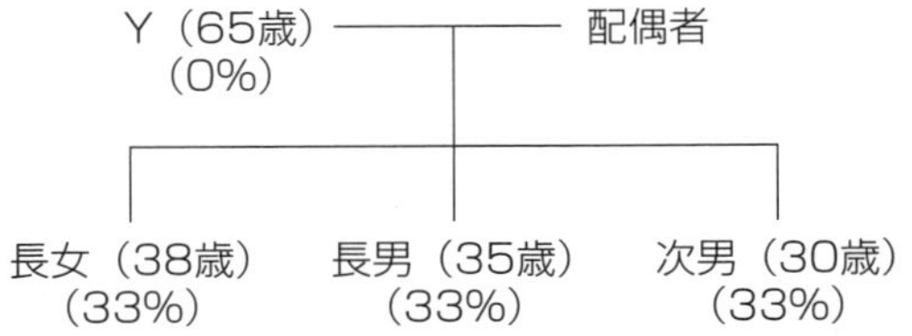

事例Bの検討

❶ 相続時精算課税制度の検討

相続時精算課税制度は，65 歳以上の親から 20 歳以上の直系卑属である推定相続人である子への贈与について，生涯にわたって 2,500 万円までは贈与税が課税されず，2,500 万円を超える部分については一律 20%の割合で贈与税を課し，相続が発生した場合には，他の相続財産に加えて相続税額を計算し，贈与時に納めた贈与税がある場合にはこれを相続税額から控除して精算する制度です。

ポイントとして，相続時に課税される生前贈与財産の価額は，贈与時の価額であることから，将来値上がりが見込まれる財産に対して適用すれば節税が可能です。一方，相続時精算課税制度を選択しますと，その贈与者との関係においては暦年課税制度には戻れないため，暦年課税制度で認められている年間 110 万円の基礎控除額は適用されず，少額の贈与であっても贈与税の申告が必要になります。相続時精算課税を選択する際には，贈与財産の評価額上昇の可能性の検討と併せて，将来見込まれる財産の値上がりによる節税効果が，110 万円の基礎控除を永遠に放棄することによるデメリットを上回るかどうかの検討も必要です（Q20 参照）。

事例Bのケースでは，P 社の所有する有価証券が上場により値上がりするという特殊要因により，P 社の評価額が将来高騰することが確実であり，また，贈与者および受贈者の年齢も適用条件を満たしていたため，相続時精算課税制度を選択して，株式の贈与を行うことにしました。

❷ 各人の贈与税額の計算

1 株当たりの評価額に取得株数を乗じて取得した株式の評価額を算出します。2,500 万円の特別控除額を控除した後，一律 20%の税率により贈与税額を計算します。

各人の受贈財産の価額：1 株当たり評価額 60,000 円×500 株＝30,000,000 円

各人の贈与税額：(30,000,000 円－25,000,000 円)×20%＝1,000,000 円

❸手　続

贈与を受けた年の翌年1月1日から3月15日までの贈与税の申告期限内に，長女・長男・次男それぞれが「相続時精算課税選択届出書」を添付した贈与税の申告書を提出する必要があります。

事例A・事例Bの結論

事例Aでは，有利な評価方法である配当還元価額による親族への株式贈与により，相続税および贈与税の節税を図りました。このケースでは，各人の議決権割合がとても重要でした。税法の条件をクリアすることのみならず，後継者の経営権の掌握にも配慮しつつ，贈与後の議決権の構図を描く必要がありました。

事例Bでは，見込相続財産のうち，将来値上がりが確実なものについて，相続時精算課税を利用することにより相続税の節税を図りました。このケースでは，相続時精算課税のメリットとデメリットの比較が重要でした。贈与時における将来の値上がりの確実性による節税効果が，110万円の基礎控除額の放棄などのデメリットを上回ると判断されたため，相続時精算課税制度を選択し，株式の贈与を行いました。

case study 03 従業員持株会の設立

従業員持株会は，上場会社が安定株主対策や従業員の福利厚生制度として導入するものと思われがちですが，非上場の中堅中小企業においても，オーナー経営者の事業承継対策や相続税対策の一環として設立されることが珍しくありません。事業承継対策・相続税対策に従業員持株会を用いる場合の留意点について考えてみましょう。

POINT

オーナーが所有する自社株式の一部を相続税評価額のベースとなる純資産価額や類似業種比準価額よりも低い価格で従業員持株会に譲渡することで，相続財産の総額を圧縮することが可能となります。

従業員持株会は会社にとっての長期安定株主としての機能が期待できます。従業員は，株式を直接保有するのではなく，民法組合の共有持分という形で間接的に株式を保有することになりますので，従業員の退職等により株式が社外に分散してしまう心配もありません。

事例

自動車部品製造業A社（資本金3,000万円，発行済株式総数60,000株）の代表取締役X氏は，一人息子のY氏を後継者とすることを決めており，Y氏も後継者となるべくA社で修業を積んでいる。顧問税理士の勧めで定期的な自社株式の評価と，Y氏への贈与を行っているものの，A社株式の相続税評価額が，1株当たり15,000円と非常に高額であるため，20～30%程度の贈与税負担を考慮しても一度に少量の株式しか移転できできていない（Y氏の保有株数は1,500株であり，発行済株式総数に対する議決権の2.5%に留まっている）。オーナーのX氏が自分が経営から退くまでは議決権の3分の2超を保有することを望んでいることもあり，後継者であるY氏への株式の移転は一向に進まない状況であった。

このままＸ氏に相続が発生した場合には，Ｙ氏が多額の納税資金を用意するために金庫株（自己株式の取得）を実施しなければならず，会社の財務状態を悪化させることが避けられない状況であった。そこで，従業員持株会を設立し，一部の株式を譲渡することについて検討を始めた。

事業承継対策・相続税対策としてのメリットだけでなく，従業員の福利厚生の充実や経営参画意識の向上が期待できるという点でもメリットがあると判断したＸ氏は，Ａ社に従業員持株会を設立し，発行済株式総数の20%に相当する12,000株を配当還元価額である1,000円で従業員持株会に譲渡することとした。

検　討

❶ 相続財産の圧縮

オーナーの所有する自社株式の一部を相続税評価のベースとなる純資産価額や類似業種比準価額よりも低い価格で従業員持株会に譲渡することで，相続財産の圧縮が可能となります。事例のケースでは，1株当たり500円で出資したオーナーの保有株式が，1株当たり15,000円に上昇しています。12,000株を配当還元価額1,000円で従業員持株会に譲渡することにより，オーナーの相続財産が1億6,900万円，相続税の負担も8,400万円減少することになります。

相続税の累進税率が50％に達することが予想されるケースでは，20％程度の贈与税を負担して，毎年少しずつでも後継者に財産を移転するという対策が考えられますが，少量の株式を贈与するだけでは，なかなか株式の移転が進まないのが実情です。従業員持株会へ株式を譲渡するにあたっては，オーナーとそのファミリーに特段のコスト負担が生じませんので，一度に20％程度のまとまった株式を譲渡し，相続財産を大幅に圧縮することも可能です。

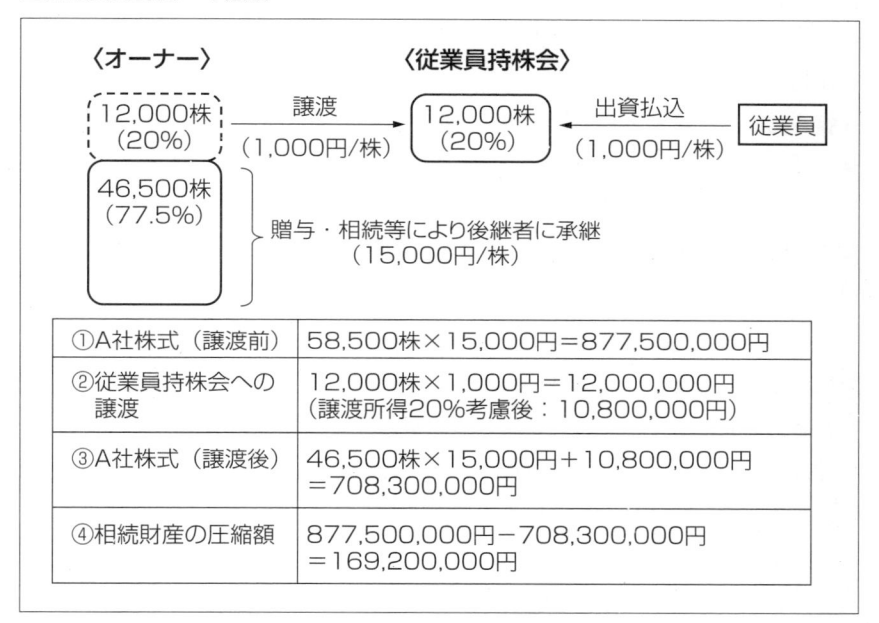

■従業員持株会への譲渡

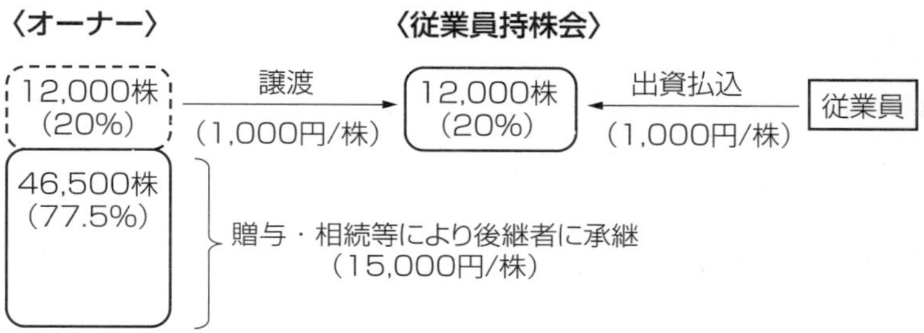

①A社株式（譲渡前）	58,500株×15,000円＝877,500,000円
②従業員持株会への譲渡	12,000株×1,000円＝12,000,000円 （譲渡所得20%考慮後：10,800,000円）
③A社株式（譲渡後）	46,500株×15,000円＋10,800,000円 ＝708,300,000円
④相続財産の圧縮額	877,500,000円－708,300,000円 ＝169,200,000円

❷ 従業員持株会の仕組み

従業員持株会は，民法上の組合（以下，民法組合といいます）として設立されることが一般的です。従業員持株会に加入した従業員は，株式を直接保有するのではなく，従業員持株会という民法組合の共有持分を保有することを通じて，間接的に株式を保有することになります。

個人の集合体である民法組合は，権利・義務の主体となることのできる資格である「人格」を有していないため，従業員持株会それ自体が株主になることができません。そこで，株式の取得は，従業員持株会の代表者である理事長が代表して行うことになります。従業員持株会が取得した株式は，会社が管理する株主名簿に理事長個人の名義で登録されることになり，株主総会における議決権の行使についても理事長が一括して行使することになります。従業員持株会の会員である従業員は，出資持分に相当する株式の議決権を自分自身の意志で行使することも可能です。

入会時および退会時の取引価格は，配当還元価額など，従業員が取得しやすい価格で固定され，退会時には組合の共有持分を現金で精算するため株式のまま持ち出すことはできない旨を従業員持株会の規約に明記することが一般的です。

❸ 従業員持株会の制度設計

従業員持株会を設立し，株式を譲渡するにあたっては，①オーナーからどのくらいの株数を従業員持株会に譲渡するのか，②１株当たりの売買価格はいくらに設定するのか，③従業員からどのくらいの資金が集められるのか，といった従業員持株会の「制度設計」について検討を行う必要があります。

相続財産を圧縮するという目的からすれば，１株でも多くの株式を譲渡したいところですが，会社の経営権の観点からは，通常，オーナーとそのファミリーで株主総会の特別決議が可能な３分２以上の議決権を確保しておく必要がありますので，オーナーから従業員持株会に譲渡することができる株式は，議決権ベースで30％程度が上限となります。相続発生後に，後継者である相続人が，納税資金を用意するために金庫株を実施する可能性を考慮すると15％～20％に留めることが望ましいでしょう。

❹ 議決権の有無

従業員持株会には，株式を長期間保有し，株主総会においては経営陣に賛成する方向で議決権を行使してもらえる安定株主としての機能も期待することができます。それでも，親族以外の者に議決権を保有させたくないとオーナーが考える場合には，株主総会の決議事項について議決権を有しない「議決権制限株式」を従業員持株会に保有してもらうことも可能です。

普通株式から議決権制限株式への変更には，議決権制限株式を発行するための定款変更（株主総会の特別決議）のほかに，取締役会の承認，議決権制限株式に変更することになる株主の同意が必要となりますので，オーナー経営者から従業員持株会に譲渡する前段階で議決権制限株式に変更し，議決権制限株式を従業員持株会に譲渡することになります。

❺ 株式の譲渡価額

中心的同族株主であるオーナーから，少数株主である従業員持株会へ株式を譲渡する際の売買価額は，配当還元価額となることが一般的です。20％程度の株式を従業員持株会に保有してもらう場合には，従業員持株会に加入する従業員の金銭的な負担もそれなりに大きくなりますので，配当還元価額よりも低い価格で従業員持株会に譲渡することもあります。配当還元価額と売買価格との差額が低廉譲渡として贈与税の課税対象となりますが，贈与税の基礎控除額110万円以内であれば贈与税が生じることはありません。

事例のケースでは，配当還元価額が1,000円と計算されています。仮に，オーナーと従業員持株会の代表者である理事長が売買契約を行う際の対価を，1株当たり500円とした場合には，従業員持株会に加入する従業員が，1株当たり500円の贈与を受けたものとみなされます。仮に，30人の従業員が400株ずつ株式を取得した場合には，各従業員に20万円の贈与があったものとみなされますが，贈与税の基礎控除額110万円の範囲内であるため，贈与税が生じることはありません。

❻ 加入資格と保有株数制限

従業員持株会には，発行会社および子会社の従業員を加入させることが可能です。「課長以上」など，役職や勤続年数等の一定の基準に応じて従業員持株会への加入資格を制限したり，保有することができる株数の上限を設定することも可能です。

取締役や監査役等の役員に株式を保有させたい場合には，従業員持株会とは別に役員持株会を設立することが一般的です。会社法上の問題として，役員は，会社に対して，忠実義務（会社法355），利益相反行為・自己取引の責任（会社法356）を負っています。会社が従業員持株会の会員に対して一定の奨励金を支給したり，事務委託料を負担するなどの経済的な援助を行うことが，問題となる可能性が考えられますので，役員と従業員を同一の持株会に加入させることは望ましいとはいえません。

配当還元価額などの比較的低い価格で株式を取得することが前提となりますので，配当還元価額で株式を取得すると課税上問題が生じる可能性があるオーナーの親族は，たとえ役員・従業員の立場であっても従業員持株会に加入することはせず，直接株式を保有していただくようにします。

❼設立の手続

従業員持株会の「制度設計」の方針が決まり次第，民法組合としての規則を定めた「従業員持株会規約」を作成することになります。従業員持株会の設立は，会社にとっての重要事項に該当するものと考えられますので，取締役会の承認を得ておくのが望ましいでしょう。株式に譲渡制限が付されている会社では，オーナーの保有株式を従業員持株会に譲渡することについての承認も得ておくと今後の手続がスムーズに進みます。

取締役会の承認を得ることができ次第，従業員への告知や入会希望者に対する説明会を実施します。従業員に対して制度の仕組みや従業員持株会規約の内容を説明したうえで，入会申込書への記入と株式を取得するための資金の払込みを行っていただきます。従業員持株会の理事長は，オーナーとの間で「株式売買契約」を締結し，従業員から集められた拠出金によって株式を取得することになります。

結　論

❶従業員持株会と事業承継対策

オーナーは，自身の保有する株式を配当還元価額など，相続税の評価額のベースとなる純資産価額や類似業種比準価額よりも低い価格で従業員持株会に譲渡することによって，相続財産を圧縮することができ，相続税の税負担を減少させることができます。

同様の効果は，従業員に直接株式を保有してもらうことでも実現できますが，株式を保有している従業員が退職してしまった場合には，会社が確実に買い戻せる保証はありません。従業員持株制度を通じて株式を保有してもらう場合には，持株会の規約により，退職した際に強制的に現金で精算することが可能となり，従業員の退職等により株式が社外に分散してしまう心配がないため，安心して株式を保有してもらうことができます。

❷継続的な配当が可能か

従業員持株会は，従業員持株会規約により，入会時と退会時の売買価格を固定することが一般的であるため，株式の譲渡によるキャピタルゲイン（株式売却益）を得ることができません。したがって，少数株主としての配当期待権しか有していない従業員持株会に対しては，業績悪化時であっても可能な限り配当を継続しなければ，退会希望者が相次ぐこととなり，制度を維持することが難しくなります。

従業員のモチベーションを高めるため，業績悪化時であっても従業員持株会にだけは継続的に配当をしたいと考える場合には，従業員持株会に譲渡する株式を，あらかじめ，配当優先株式に変更しておけば，優先配当を行うことも可能です。

❸従業員主体の持株会運営

非上場の中堅中小企業が事業承継対策・相続税対策として設立した従業員持株会においては，設立時に従業員持株会規約以外の書類が作成されていなかったり，従業員が制度内容や各人の保有株数などを把握していないうえに，長期間にわたって配当金も支払われていないなど，本来あるべき従業員持株制度としての体をなしていないケースも散見されます。

非上場会社の従業員持株会は，オーナー経営者の相続税対策として設立されることが多く，税務調査でも論点になりやすいポイントです。従業員持株会としての実体がないことが明らかになれば，「会社が保有する自己株式」や「オーナー経営者の名義株」であるとの指摘を受ける可能性があります。

事業承継対策・相続税対策として従業員持株会を設立する場合には，設立時に必要となる書類を整備するだけでなく，設立段階から従業員の代表者（総務部長等，最初の理事長候補者）に関与してもらうようにし，設立後の運営も従業員主体で行う必要があります（そのため，専門家の継続的なサポートが必要になります）。従業員持株会に入会する従業員にも，制度内容や従業員持株会規約を周知したうえで入会してもらうようにし，各従業員が保有する共有持分や配当金の額を書面で通知するなど，オーナーや会社への「名義貸し」との指摘を受けないような実体のある従業員持株会にする必要があります。

■従業員持株会の規約例

○○○○従業員持株会規約

（会の名称）

第１条　この会は，○○○○従業員持株会（以下，「本会」という）という。

（会の性格）

第２条　本会は民法第667条第１項に基づく組合として組織する。

（会の目的）

第３条　本会は，会員の，株式会社○○○○株式（以下，「株式」という）の取得を容易ならしめ，従業員の経営参画意識の向上と財産形成の一助とすることを目的とする。

（会員の範囲）

第４条　会員は，株式会社○○○○（以下，「会社」という）の従業員であり，かつ，課長以上の職にある者に限る。

（入会および退会）

第５条　前条の従業員は，理事長に申し出て入会し，または退会することができる。ただし，原則として一度退会したものは再入会できない。

②　会員が前条の資格を喪失したときは，退会しなければならない。

（拠出金）

第６条　会員は，原則として本会の入会時に本会への出資としての拠出を行う。

（株式の購入）

第７条　第６条の拠出金から，必要経費を差し引いた後の金額をもって，そのつど一括して株式を購入する。

（株式の名義）

第８条　第７条により購入した株式は，理事長名義に書換える。

（持分の算出）

第９条　本会は，第７条により購入した株式については，当該購入に要した各会員の拠出金に応じた株数を持分として算出し，会員別持分明細表に登録する。

（配当金の分配）

第10条　会員は，本会の受領した株式に対する配当金を，各会員の持分に応じて分配を受けることができる。

（理事長への信託）

第11条　会員は，登録された持分を管理の目的をもって，理事長に信託する。

（権利の譲渡，質入）

第12条　会員は，前条による信託にかかわる権利を他に譲渡し，または担保に供することはできない。

（退会時の持分返還）

第13条　会員が本会を退会したときは，当該会員の登録配分された持分を現金にて払戻す。

② 前項の払い戻しを行う際の株式の評価は，１株当たり○円とする。

③ 会員の登録された持分の株券での持ち出しは認めない。

（役員）

第14条　本会には，次の役員をおく。

理事長	１名
理事	若干名
監事	１名

（役員の職務）

第15条　前条役員の職務は，次のとおりとする。

理事長	本会を代表し，本会の業務を執行する。
理事	理事会に出席して重要事項を審議する。
監事	本会の財産状況を監査する。

（役員の選任）

第16条　役員の選任は，次の通り行う。

理　事　長　　理事の互選による。
理　　　事　　会員総会により，会員の中から選出する。
監　　　事　　理事長が，理事会の同意を得て会員の中から指名する。

（会員総会）

第17条　規約の改正その他の重要事項の決議および役員の選任のため，毎年○月までに定時会員総会を開催する。ただし，必要に応じて臨時会員総会を開催することができる。

②　会員総会は理事長が招集する。

③　会員総会の議決は，出席会員の過半数をもって行う。ただし，会員は，書面をもって議決権の行使を委任することができる。

④　会員は1個の議決権を有する。

（役員の任期）

第18条　役員の任期は2年とし，重任を妨げない。ただし，任期満了後といえども，後任者が選任されるまでは，その職務を執行する。

②　補充選任された役員の任期は，前任者の残存任期とする。

（理事会）

第19条　理事長は毎年○月に定例理事会を招集する。また，必要ある場合臨時に理事会を招集する。

②　理事会は，理事の過半数によって成立し，その過半数の賛成を得て議決する。

（理事会の議決事項）

第20条　次の事項は，理事会がこれを議決する。

1. 本会の計算に関する事項
2. この規約の改定の発議
3. 本会の運営に必要な諸規定の制定および改廃
4. その他会務運営に関する重要事項

（議決権の行使）

第21条　本会が保有する株式の株主総会における議決権は，理事長が行使する。ただし，会員はその持分に相当する株式の議決権の行使について，理事長に対し株主総会ごとに別の指示を与えることができる。

（会計年度）

第22条　本会の会計年度は○月○日から○月○日までとする。

（会員への通知）

第 23 条　本会から会員への通知は，会員ごとに個別に行う。

（事務局）

第 24 条　本会の会務を処理するために，会社総務部内に事務局を設ける。

附　　則

　この規約は，平成○年○月○日から施行する。

case study 04　財団法人への自社株の寄附

本事例では，会社のオーナー社長が，社会貢献活動のために自社株を財団法人に寄附した事例を検証します。

POINT

1. 財団法人は，財産を活用して社会貢献活動を行うという目的に適している法人形態です。
2. 財団法人は，平成20年12月1日施行の公益法人改革以後，公益財団法人と一般財団法人に区分されます。
3. 租税特別措置法40条の適用を受ければ，みなし譲渡課税の適用を受けることなく，財団法人への財産の寄附が可能となります。
4. 相続財産を相続人が公益財団法人に贈与した場合，一定の要件を満たせば，その贈与した財産の相続税は非課税となります。

事例

Aさんは40年前に機械製造業を営むX社を設立し，それ以来，現在までオーナー社長としてX社を経営してきた。

X社は設立以来，業績を伸ばしてきており，現在のX社株式の時価は1,000円/株・時価総額は10億円となった。

なお，X社は上場はしていない。

Aさんはそろそろ勇退を考えており，後継者は長男Bとすることを考えている。よって，X社株式は長男Bに承継させるつもりだが，ここまで会社を発展させてくれた世の中に対し，何か恩返しや社会貢献ができないかとも考えていた。

そこで，Aさんは所有するX社株式を公益法人に寄附し，公益法人はX社株式の配当金にて社会貢献事業＝公益事業を行うこととした。X社が業績を伸ばせたのは製造する機械の技術の優位性が世の中に認められたためであり，次世代の技術者の育成が産業振興に寄与し，社会貢献に繋がるとして，具体的には機械工学を学ぶ学生への奨学金支給事業を考えていた。
以上の考えから，Aさんは，まず一般財団法人Y財団を設立し，行政庁の認定を受けて公益財団法人へ移行し，Y財団にX社株式30万株を寄附し，その配当金で学生に対する奨学金事業を行うこととした。さらに，そのX社株式30万株の寄附に関し，租税特別措置法40条の適用を受けることとした。

検　討

❶公益法人の種類

(1)　公益法人の定義

株式会社などの法人形態は，その事業活動により営利を追求し，得た利益による剰余金の分配を目的とします。

一方で，社団法人・財団法人は，民法34条で，営利を目的としない法人＝公益法人と定義されていました。

平成20年12月1日の公益法人改革以降は，民法34条などは廃止され，「一般社団法人及び一般財団法人に関する法律（以下「法人法」)，「公益社団法人及び公益財団法人の認定等に関する法律（以下「認定法」）などにより規定されることになりました。現在，社団法人および財団法人は，「公益社団法人」・「公益財団法人」と「一般社団法人」・「一般財団法人」に区分されています。

(2)　社団法人・財団法人

社団法人は人（社員）の集まりが法人格を持ったもので，財団法人は財産の集まりが法人格を持ったものです。財産を活用し公益事業を行うのであれば，財団法人が適しています。

(3) 公益財団法人・一般財団法人の概要

公益法人改革以降，一般財団法人は登記のみで設立可能です（法人法 163）。公益財団法人をいきなり設立することはできず，一般財団法人のうち，行政庁（内閣総理大臣または各都道府県知事（認定法 3））より公益財団法人の認定要件を満たしているとして認定を受けた法人が移行できる法人形態です。

■公益財団法人・一般財団法人の概要

項目	公益財団法人	一般財団法人
公益性	法令上の公益法人（認定法２三）	法令上の公益法人ではない。
法人名称	公益財団法人○○○○（認定法９③）	一般財団法人○○○○（法人法５②）
財産拠出者への剰余金・残余財産の分配	不可（法人法 153③・認定法５十八）	原則不可（法人法 153③）
必要機関	評議員・評議員会・理事・理事会・監事（法人法 170）	
役員と定数	理事３名以上（法人法 177 で準用する 63①・65③，法人法 170）・監事１名以上（法人法 170）	
役員選任機関	評議員で構成する評議員会（法人法 177 で準用する法人法 63①）	
評議員選任機関	評議員会・第三者機関による評議員選定委員会など。理事会での選任は不可（法人法 153③）	
作成すべき計算書類等	貸借対照表・損益計算書，事業報告書，これらの附属明細書，財産目録など（認定法 22①，法人法199で準用する123②）	貸借対照表・損益計算書，事業報告書，これらの附属明細書など（法人法 199 で準用する 123②）
事業計画書・収支予算書	事業年度開始前に作成する必要あり（認定法 21①）	作成不要
行政庁の監督	あり（認定法 27・28）	なし

(4) 公益財団法人の認定要件の概要

認定法５条の公益財団法人の認定要件のうち主なものは，次のとおりです。

① 公益目的事業（認定法２条４号に規定する事業）が主たる目的。

② 評議員・理事・監事・使用人その他の関係者，および営利企業・特定の個人もしくは団体に，特別の利益を与えない。

③ 公益目的事業の収入の額≦公益目的事業の費用の額（＝「収支相償」）。

④ 公益目的事業の費用の額が法人全体の費用の額の50％以上。

⑤ 毎事業年度末日における，公益目的事業・公益目的事業の遂行に必要な収益事業に使用されていない，および使用される見込のない財産（遊休財産）の額が，その事業年度の公益目的事業の費用の額以下。

⑥ 理事およびその理事の配偶者・3親等以内の親族など特別の関係のある理事の合計数が，理事総数の3分の1以下。監事についても同様。

⑦ 他の同一団体の関係者の理事の合計数が，理事総数の3分の1以下。監事についても同様。

⑧ 理事・監事・評議員の報酬等につき，不当に高額とならない支給基準を定めている。

⑨ 他の団体の株式などを所有する場合，議決権の過半数を占めない。

⑩ 公益認定の取消処分を受けたなどの場合，取消しの日から1か月以内に，公益目的財産残額を，国・地方公共団体・他の公益法人などに贈与する旨を定款で定めている。

⑪ 清算する場合，残余財産を，国・地方公共団体・他の公益法人などに帰属させる旨を定款で定めている。

(5) 財団法人の税制

財団法人にも税金は課されますが，つぎの区分に応じ，課税範囲が異なります。

① 公益財団法人

② 非営利型一般財団法人

一般財団法人のうち法人税法上で公益法人等と扱われるもの（法法2六・別表第二）。

③ 非営利型以外の一般財団法人

法人税法上，株式会社などと同様の普通法人と扱われるもの。

税制上，最も優遇されているのは公益財団法人ですが，非営利型一般財団法人も収益事業のみが法人税の課税対象となるなど，一定の優遇がされています。

■一般財団法人・公益財団法人の税法上の取扱い

項目	一般財団法人		公益財団法人
	非営利型	非営利型以外	
法人税の課税範囲（法法４①・２十三・法令５①②）	法人税法上の収益事業（法法４①・２十三・法令５①）	全事業（法法４①・２十三・法令５①）	法人税法上の収益事業から認定法上の公益目的事業を除外した事業（法法４①・２十三・法令５①②・認定法２四）
みなし寄附金制度（※1）の適用有無	なし（法法37⑤・法令73①二）	なし（法法37⑤・法令73①二）	あり（法法37⑤・法令73①三イ・73の２①）
利子・配当の源泉税	課税（所法174一・二）	課税（所法174一・二）	非課税（所法11①・別表第一）
寄附者（個人・法人）の税制優遇措置	なし（所法78①②・法法37④）	なし（所法78①②・法法37④）	あり（所法78①②・所令217・法法37④・法令77・77の2）（※2）
相続財産を贈与した場合の相続税	課税対象	課税対象	一定の要件を満たした場合は非課税（措法70①・措令40の３・措通70—1—5～14）

（※1） 収益事業に属する資産から公益法人事業のために支出した金額を，収益事業の寄附金とみなす制度です（法法37⑤）。

（※2） 平成23年6月30日施行の「現下の厳しい経済状況及び雇用情勢に対応して税制の整備を図るための所得税法等の一部を改正する法律」で，寄附者の個人所得税で，その年分の所得税×25％を上限とした税額控除制度が創設されました（措法41の18の3）。

(6) 非営利型一般財団法人の要件

非営利型一般財団法人の要件は，通常，つぎのとおりです（法法２九の二，法令３①）。

① 利益獲得または利益による剰余金の分配を目的としていないこと。

② 定款に剰余金の分配を行わない旨の定めがある。

③ 定款に解散した場合の残余財産の帰属先が，国，地方公共団体，公益社団法人・公益財団法人，学校法人，社会福祉法人などとする旨の定めがある。

④ 上記の定款の定めに反する行為を行ったことがないこと。

⑤ 理事およびその配偶者・三親等以内の親族など特殊の関係のある理事の合計数が理事総数の3分の1以下であること。

❷財団法人への財産の寄附

(1) みなし譲渡課税

Aさんが X 社株式を財団法人に寄附する場合，所得税法59条1項により，原則として，X 社株式を寄附時の時価で譲渡したものとみなされます（みなし譲渡課税）。A さんの X 社株式の取得費を50円/株とした場合，X 社株式の1株当たりの譲渡益は，1,000円/株（時価）－50円/株（取得費）＝950円/株となります。

Aさんの，X 社株式の財団法人への寄附株数に応じた所得税・住民税額は，税率は所得税15%（措法37の10）＋住民税5%（地法71の49）＝20%なので，つぎのとおりとなります。

10万株で，950円/株× 10万株×20%＝1,900万円
20万株で，950円/株× 20万株×20%＝3,800万円
30万株で，950円/株× 30万株×20%＝5,700万円
40万株で，950円/株× 40万株×20%＝7,600万円
50万株で，950円/株× 50万株×20%＝9,500万円
100万株で，950円/株×100万株×20%＝1億9,000万円

(2) 租税特別措置法40条

このようにみなし譲渡課税は社会貢献のための寄附に対しても税負担を生じさせてしまいます。しかし，租税特別措置法40条の適用を受ければ，みなし

譲渡課税は非課税となります。

租税特別措置法40条の規定については「Q26　財団法人への寄附」をご参照ください。

(3) 租税特別措置法40条適用の留意点

租税特別措置法40条の適用は，公益財団法人・非営利型一般財団法人いずれへの寄附について受けることが可能ですが，その適用にあたっては，公益財団法人・非営利型一般財団法人に関する認定法・法人法・法人税法よりも厳格な要件を満たす必要があります。

① 公益事業規模

事業内容に応じ社会的存在として認識される程度の事業規模。例えば，奨学金支給事業では，学資の支給・貸与先が30人以上（措令25の17⑤，措通40–12）。

② 法人の運営

a　公益財団法人の場合（措令25の17⑥，措通40–18（1）イ）

寄附財産が，寄附者およびその親族が役員である法人の株式または出資である場合は，その議決権行使に関して，事前の理事会での理事総数（理事現在数）の3分の2以上の承認が必要。

その他は，認定法上の公益認定要件と租税特別措置法40条の適用要件に大きな違いはありません。

b　非営利型一般財団法人の場合（措令25の17⑥，措通40–18（1）ハ）

・理事定数6名以上・監事定数2名以上・評議員定数6名以上かつ理事定数以上。
・理事・監事・評議員（以下「役員等」）それぞれで，同一親族その他特殊関係者の合計数が総数の3分の1以下。
・監事に，理事・評議員，それぞれの親族などの特殊関係者がいない。
・評議員の選任機関は，第三者による選任委員会などの公正な機関。
・役員等には，その地位にあることのみに基づき給与等を支給しない。

・事業計画書・収支予算書の作成が必要。
・事業計画書・収支予算書，決算，重要な財産の処分および譲受け，借入金などの義務の負担，権利の放棄に関し，理事会での理事総数（現在数）の3分の2以上の承認の後，評議員会での評議員総数（現在数）の3分の2以上の承認が必要。

(4) 租税特別措置法40条の承認の取消し

租税特別措置法40条の適用を受けるためには，国税庁長官の承認が必要です（措法40①)。承認後，要件を満たさなくなった場合には，承認が取り消され，寄附後2年以内の場合は寄附者に，それ以後は財団法人にみなし譲渡課税が発生します（措法40②③)。

以上の条件を勘案し，A社長は，公益財団法人Y財団にX社株式30万株を寄附し，その配当金で学生に対する奨学金支給事業を行うこととしました。その検討過程はつぎのとおりです。

① 公益性のアピール

公益財団法人は名称に「公益」が付き，公益法人であることを対外的にアピールできるため，一般財団法人ではなく公益財団法人とした。

② X社株式の配当金の活用と公益財団法人の議決権所有制限

奨学金事業の財源としてX社株式の配当金が活用できるが，Y財団の所有株数は，公益財団法人では議決権の過半数を所有できず，また，今後，後継者である長男Bに議決権のイニシアティブを持たせたいこと，奨学金事業の必要資金を考慮して30万株とした。

③ 配当金の源泉税の非課税

X社株式の配当金を50円/株とすると，30万株の配当金総額は1,500万円となり，非営利型一般財団法人では，この配当金1,500万円に対し20%の源泉税（所法175）として300万円が徴収され，手取り1,200万円となり，奨学金事業に使用できる金額が減ってしまう。よって，配当金の源泉税が非課税である公益財団法人とした。

④　寄附者の税制優遇措置

X 社が Y 財団に寄附した場合，公益財団法人であれば，寄附者の税制優遇措置があるため，公益財団法人とした。

⑤　租税特別措置法 40 条の適用

租税特別措置法 40 条の適用により，X 社株式 30 万株のみなし譲渡課税額 5,700 万円が非課税となる。

⑥　相続財産を贈与した場合の相続税の非課税

A さんに相続が発生した際に，A さんの公益事業に対する意思を受け継いだ遺族が公益財団法人に相続財産を寄附した場合，一定の要件を満たせば，その贈与した財産は相続税が非課税となるため，公益財団法人とした。

結　論

❶ 公益財団法人のメリット・デメリット

公益財団法人は名称に「公益」と付くため，公益法人である旨を対外的にアピールしやすく，税制上の優遇措置もあります。

その反面，次のデメリットがあります。

① 一般財団法人より厳格な運営が必要で，行政庁の監督も受けるため，運営面での自由度が制限される。

② 行政庁には，公益財団法人が認定要件を満たさなくなったなどの場合，認定の取消処分権限があり（認定法 29 ①②），認定取消処分を受けた場合，公益目的財産残額が国・地方公共団体・他の公益法人などの第三者に移る。

③ 解散した場合の残余財産は，国・地方公共団体・他の公益法人などの第三者に移る（非営利型一般財団法人も同様）。

④ Y 財団の X 社株式のような公益事業遂行に不可欠とされる財産＝基本財産の処分に制限がある。

以上から，適正な公益事業活動を行えなければ，第三者への財産移動リスクが発生します。しかし，適正な公益事業活動を行っている限り，Y 財団は X

社の安定株主となります。

❷ 租税特別措置法 40 条の適用

租税特別措置法 40 条の適用を受ければ，寄附財産に関するみなし譲渡課税は非課税となります。

その反面，寄附先の法人は厳格な運営が要求され，また，寄附財産を処分すると，みなし譲渡課税の非課税が取り消されます。

しかし，公益財団法人では，X 社株式は公益目的のために保有する財産として，通常は基本財産となり，その処分が制限され，また租税特別措置法 40 条の認定要件と公益財団法人の認定要件との間で，所有する株式の議決権行使の要件以外に大きな違いはないので，公益財団法人の運営面で租税特別措置法 40 条の認定要件が障害となる可能性は低いと考えられます。

❸ 相続財産を贈与した場合の相続税の非課税

相続財産を相続人が公益財団法人に贈与した場合，一定の要件を満たせば，その贈与した財産は相続税が非課税となります。一定の要件とは，法人の運営に関しては，租税特別措置法 40 条の適用要件と同様となります。A さんの相続の際，相続人が A さんの公益事業に関する意思を受け継ぎ，公益事業のための相続財産を Y 財団に贈与した場合は，贈与した相続財産は相続税の対象とされないため，相続税の負担なく A さんの意思を受け継ぐことができます。

case study 05 合併によって評価額を下げる

非上場会社が合併により相続税法上の「大会社」に該当し，株式評価で100％類似業種比準価額が選択可能となり，評価額が下がった事例を検証します。

POINT

1. 一般的に「類似業種比準価額」は「純資産価額」より低くなることが多いですが，100％類似業種比準価額が選択可能であるのは，相続税法上の「大会社」のみです。
2. 「大会社」の要件は，総資産額・従業員数・取引金額で一定以上の規模であることで，会社単体では「大会社」ではなくても，合併などにより会社規模が拡大すれば，「大会社」となるケースもあります。
3. 合併は，法人税法上に規定する「適格」「非適格」いずれに該当するかの検討が必要です。
4. 会社規模の拡大では，事業譲受も有効な手段となります。

事例

1 現　状

Aさんは，機械製造業X社のオーナー社長で，また，不動産賃貸業を行うY社のオーナーにもなっている。

(1) 持株関係図

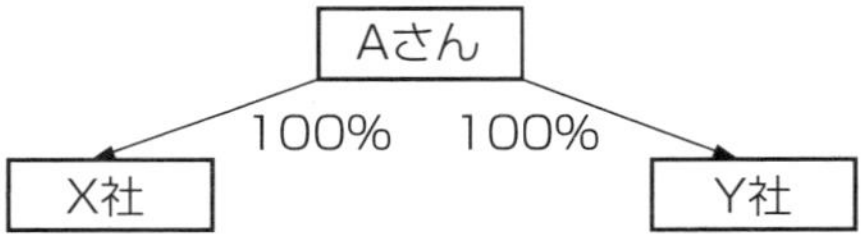

(2) AさんのX社・Y社に対する考え

① X社は機械製造販売業務をしている。X社は赤字まではいかないまでも業績・資金繰りがここ数年芳しくない。Y社の不動産賃貸業は利回りが良く資金を効率的に得ている。よって，Y社の獲得した資金を

X社の業務に活用したい。

② Y社株式の相続税法上の評価額は，事業規模から考えると高い。Y社株式はAさんの父親から相続したもので，その際もY社株式の相続税が重い負担となった。自分の相続の際に，家族に重い負但をかけたくない。

Y社の評価額が高いのは純資産価額が高いためであり，相続税法上の中会社の小（Q28 類似業種比準価額方式の『大会社』への区分変更を参照）に該当するY社の株式評価にあたっては，純資産価額の適用割合（40%）が高い。純資産価額を適用しなければならない。

(3) X社・Y社の現状

① X社

a 設立日 20年前の4月1日

b 業種 機械製造業

c 役員 代表取締役社長A・常務取締役甲・取締役乙・監査役丙

d 従業員数 30人

e 発行済株式数 200株（Aさん200株所有）

f 直前期（×3年3月期）貸借対照表（相続税評価額・帳簿価額）

X社貸借対照表（×3年3月31日現在）（単位：百万円）

科目	相続税評価額	帳簿価額	科目	相続税評価額	帳簿価額
資産の部			負債の部		
流動資産	230	230	流動負債	150	150
工場土地	300	50	固定負債	320	320
工場建物	120	200	負債合計	470	470
製造用機械	80	150	純資産の部		
その他資産	20	20	資本金	―	10
（営業権の評価額は0円）			剰余金	―	170
			純資産合計	280	180
資産合計	750	650	負債・純資産合計	750	650

g 直前期（×3年3月期）売上高 1,800百万円

h　直前期（×3年3月期）法人税課税所得　10百万円

i　相続税評価による株価

ア　類似業種比準価額　500,000円/株

イ　純資産価額　1,175,000円/株（評価差額に対する法人税額等に相当する金額控除（財基通186-2）後）

・相続税評価額（中会社の大）（Q28　類似業種比準価額方式の「大会社」への区分変更を参照）＝ア×0.9＋イ×0.1＝567,500円/株

② Y社

a　設立日　50年前の4月1日

b　業種　不動産賃貸業

c　役員　取締役A

d　従業員数　2人

e　発行済株式数　200株（Aさん200株）

f　直前期（×3年3月期）貸借対照表（相続税評価額・帳簿価額）

Y社貸借対照表（×3年3月31日現在）（単位：百万円）

科目	相続税評価額	帳簿価額	科目	相続税評価額	帳簿価額
資産の部			負債の部		
流動資産	100	100	流動負債	400	400
賃貸用不動産（土地）	2,000	200	固定負債	1,320	1,320
賃貸用不動産（建物）	1,800	2,000	負債合計	1,720	1,720
金融商品	400	300	純資産の部		
			資本金	―	10
			剰余金	―	870
（営業権の評価額は0円）			純資産合計	2,580	880
資産合計	4,300	2,600	負債・純資産合計	4,300	2,600

g　直前期（×3年3月期）売上高　400百万円（全て不動産賃貸料収入）

h　直前期（×3年3月期）法人税課税所得　200百万円

i 相続税評価による株価

ア 類似業種比準価額 2,400,000 円/株

イ 純資産価額 9,075,000 円/株（評価差額に対する法人税額等に相当する金額控除（財基通 186-2）後）

・相続税評価額（中会社の小）（Q28 類似業種比準価額方式の「大会社」への区分変更を参照）＝ア×0.6＋イ×0.4＝5,070,000 円/株

(4) A さんの所有株式の相続税評価額

X 社	Y 社	計
113 百万円	1,014 百万円	1,127 百万円

2 X 社と Y 社の合併

A さんは，存続法人（合併法人）を X 社，消滅法人（被合併法人）を Y 社とする吸収合併を実行した。この際，被合併法人 Y 社の株式 1 株に対し合併後 X 社の株式 1 株を発行する，合併比率 1：1 の吸収合併とした。

(1) 合併後の X 社

① 業種 不動産賃貸業

② 役員 代表取締役社長 A・常務取締役甲・取締役乙・監査役丙

③ 従業員数 32 人

④ 発行済株式数 400 株（A さん 400 株）

⑤ 貸借対照表

合併後X社貸借対照表（単位：百万円）					
科目	相続税評価額	帳簿価額	科目	相続税評価額	帳簿価額
資産の部			負債の部		
流動資産	330	330	流動負債	550	550
工場土地	300	50	固定負債	1,640	1,640
工場建物	120	200	負債合計	2,190	2,190
製造用機械	80	150	純資産の部		
賃貸用不動産（土地）	2,000	200	資本金	—	20
賃貸用不動産（建物）	1,800	2,000	剰余金	—	1,040
金融商品	400	300	純資産合計	2,860	1,060
その他資産	20	20			
（営業権の評価額は0円）					
資産合計	5,050	3,250	負債・純資産合計	5,050	3,250

⑥　売上高　2,200百万円（機械販売1,800百万円・不動産賃貸料収入400百万円）

⑦　相続税評価による株価

a　純資産価額　5,125,000円/株（評価差額に対する法人税額等に相当する金額控除（財基通186-2）後）

b　類似業種比準価額　850,000円/株

c　相続税評価額（大会社）＝100％類似業種比準価額＝850,000円/株

(2)　合併後Aさんの所有株式の相続税評価額

X社	Y社	計
340百万円	—	340百万円

検 討

❶ 相続税法上の非上場株式の原則的評価

Aさん所有のX社株式・Y社株式は，Aさんが100%所有しているので，原則的評価方法の「純資産価額」・「類似業種比準価額」で評価します（財基通179）。

❷ 100%類似業種比準価額を適用するには

「類似業種比準価額」が「純資産価額」よりも低い場合，100%類似業種比準価額で評価できれば株価を低く抑えることができますが，そのためには，財産評価基本通達179に掲げる「大会社」である必要があります。

X社は機械製造業，Y社は不動産賃貸業であるため，「大会社」の要件は次のいずれか（「Q28 類似業種比準価額方式の『大会社』への区分変更」参照）であり，X社・Y社・合併後X社の適合状況はつぎのとおりです。

要 件	X 社	Y 社	合併後X社
従業員数100人以上	従業員数30人で適合しない。	従業員数2人で適合しない。	従業員数32人で適合しない。
帳簿価額による総資産額1,000百万円以上かつ従業員数50人超	総資産額650百万円・従業員数30人で適合しない。	総資産額2,600百万円だが従業員数2人で適合しない。	総資産額3,250百万円だが従業員数32人で適合しない。
直前期末以前1年間での取引金額2,000百万円以上	直前期の売上高1,800百万円で適合しない。	直前期の売上高400百万円で適合しない。	直前期の売上高2,200百万円で適合する。

上記のとおり，X社・Y社単体では大会社には該当しませんが，合併により該当することになります。

❸合併に関する税制上の留意点

(1) 「大会社」でも100%類似業種比準価額で評価できない会社（財基通189，189-3，189-4）

① 株式保有特定会社

「大会社」では相続税評価額ベースで総資産額のうち株式等の価額の合計額が25%以上の会社

② 土地保有特定会社

「大会社」では相続税評価額ベースで総資産額のうち土地等の価額の合計額が70%以上の会社

合併後Ｘ社は現状で①②には該当しません。しかし，財産評価基本通達189(1) の「比準要素数１の会社」なども，100%類似業種比準価額での評価ができなくなるので，注意が必要です。

(2) 適格合併

① 適格合併・非適格合併

法人税法上，合併には「適格合併」，「適格合併」以外の合併＝「非適格合併」があります。

② 適格合併の要件

適格合併は，つぎの「ａ」～「ｃ」のいずれかで，かつ，合併に関して合併法人または合併法人の発行済株式（自己株式を除く）の100%を直接保有する関係（以下「直接完全支配関係」）がある合併親法人の株式または出資以外の資産が交付されない合併が該当します（法法２十二の八，法令４の３①～④）。

ａ 合併法人・被合併法人間で発行済株式（自己株式を除く）100%を直接または間接に保有する関係（以下「完全支配関係（法法２十二の七の六，法令４の２②)」）がある。

または，合併法人・被合併法人が同一の者による完全支配関係があり，合併後もその完全支配関係が継続する見込みである。

ｂ 合併法人・被合併法人間で，発行済株式（自己株式を除く）の50%超

100％未満を直接または間接に保有する関係（以下「支配関係（法法２十二の七の五，法令４の２)」）があり，つぎの要件を全て満たす。

または，合併法人・被合併法人が同一の者による支配関係があり，合併後もその支配関係が継続する見込みであり，つぎの要件を全て満たす。

・被合併法人の合併直前の従業員の80％以上が合併後の合併法人の業務に従事することが見込まれている。

・被合併法人の合併直前の主要事業が合併後の合併法人で引き続き営まれる。

c　上記「ａ」「ｂ」以外の合併で，つぎの要件を全て満たす。

・被合併法人の合併前の主要事業（以下「被合併事業」）のいずれかと合併法人の合併前の事業（以下「合併事業」）とに関連性がある。

・被合併事業と合併事業のそれぞれの売上金額・従業者数，被合併法人と合併法人のそれぞれの資本金の額の割合が５倍以下。

または，被合併法人の社長・副社長・専務取締役・常務取締役など経営に従事している役員（以下「特定役員」）のいずれかが，合併後の合併法人の特定役員となることが見込まれている。

・被合併法人の合併直前の従業員の80％以上が合併後の合併法人の業務に従事することが見込まれている。

・被合併事業が合併後の合併法人で引き続き営まれる。

・合併直前の被合併法人の株主で合併により交付を受ける合併法人株式または合併法人と直接完全支配関係がある合併親法人の全部を継続して保有すると見込まれる者，合併法人，ならびにその合併に係る他の被合併法人が有する被合併法人の株式数の合計が，被合併法人の発行済株式数（議決権のない株式を除く）の80％以上である（ただし，被合併法人の株主数が50人以上である場合は，この要件を満たす必要はなし）。

(3)　合併時の被合併法人の課税関係

「適格合併」の場合は，被合併法人の資産・負債は帳簿価額で譲渡したものとされます（法法62の2①）。よって，被合併法人の合併時の資産・負債は帳簿価額で合併法人に引き継がれ，含み益に対する課税はありません。X社・Y社の合併では，被合併法人Y社には，相続税評価額＝時価とした場合，資産全体で含み益が1,700百万円ありますが，この含み益が譲渡益として法人税の課税対象となることはありません。

「適格合併」以外の合併（以下「非適格合併」）では，被合併法人の資産・負債は，合併法人に時価で譲渡したものとされ，被合併法人の合併時の資産の含み益は譲渡益として法人税法上の益金，含み損は譲渡損として法人税法上の損金となります（法法62①②）。

(4)　合併時の株主に対する課税関係

「適格合併」の場合は，個人株主に対し，みなし配当金課税は発生しません（所法25①）。法人株主も同様の取扱いとなります（法法24①）。

「非適格合併」では，個人株主に対し，合併に際し交付された金銭および金銭以外の資産の時価の合計額から被合併法人の資本金等の額を控除した金額が，みなし配当金課税の対象となります（所法25①）。法人株主も同様の扱いとなります（法法24①）。

(5)　繰越欠損金の引継ぎ

被合併法人に法人税法上の繰越欠損金がある場合，適格合併であれば，原則として，合併法人は被合併法人の欠損金を引き継ぐことができます（法法57②）が，次のいずれの要件も満たさない場合は，繰越欠損金の引継ぎが制限されます（法法57③，法令112③④⑤）。

①　法人税法施行令112条3項のみなし共同事業要件。

②　合併法人と被合併法人との資本関係が適格合併の日の属する事業年度開始の日以前5年前から継続している。

X社・Y社の合併では，被合併法人Y社に法人税法上の繰越欠損金がないため，繰越欠損金の引継ぎの有無を考慮する必要はありませんでしたが，被合併法人に繰越欠損金がある場合は検討が必要です。

❹会社法上の合併の取扱い

吸収合併は，吸収合併存続会社・吸収合併消滅会社双方で，原則として，株主総会での吸収合併契約承認の特別決議が必要です（会社法783①，795①，309②）。

吸収合併契約書には，吸収合併存続会社・吸収合併消滅会社の商号・住所，吸収合併消滅会社の株主に交付される吸収合併存続会社の株式などの数・内容・金額などの算定方法などを記載します（会社法749①）。吸収合併に関し反対した株主は，株式の買取請求権が発生します（会社法797）。

また，吸収合併存続会社・吸収合併消滅会社ともに，吸収合併に関する債権者の異議申述期間を1月間以上設ける必要があります（会社法789①②，799①②）。

❺合併以外の方法

吸収合併は，吸収合併存続会社が吸収合併消滅会社の権利・義務を包括的に承継します（会社法750①）。吸収合併存続会社としては承継する権利・義務を選別することができません。また，適格合併では，被合併法人の資産・負債は帳簿価額で譲渡したこととなる（法法62の2①）ので，被合併法人の資産の含み損益は実現しません。

会社規模を拡大するには，合併以外に，事業譲受も有効な方法です。事業の一部譲受も可能（会社法467①）であり，事業譲受をする会社は受け入れる権利・義務を限定することができます。

事業譲渡に伴う資産の移転は時価譲渡となるので，事業譲渡をする会社の移転する資産の含み益・含み損は，譲渡益・譲渡損として益金・損金となります。

X社・Y社では，Y社の資産全体の含み益が1,700百万円ありましたので，事業譲受ではなく，適格合併を選択しました。

以上から，Aさんはつぎの選択理由により，X社・Y社の「適格合併」を実行しました。

① X社の資金繰りのため，Y社の不動産賃貸業の資金が活用できる，X社とY社の経営統合が必要である。

② X社・Y社はいずれもAさんが100％株式を所有するため，X社・Y社の合併は「適格合併」となり，Y社の合併による資産の譲渡益課税，Y社の株主であるAさんのみなし配当金課税が発生しない。

③ 合併後X社は「大会社」となり，「株式保有特定会社」・「土地保有特定会社」いずれにも該当しないため，100％類似業種比準価額で評価できるため，株式の相続税評価額を低く抑えることができる。

④ X社・Y社ともに株主はAさんのみであり，X社・Y社の合併に関する株主総会の特別決議に支障がなく，異議を述べる債権者も想定されない。

結　論

1 合併により会社規模（従業員数・総資産額・取引金額）が拡大して「大会社」となれば，相続税法上の株式評価で，100％類似業種比準価額が適用できます。「大会社」までいかなくても，「小会社」→「中会社の小」→「中会社の中」→「中会社の大」と規模が拡大すれば，一般的に評価額が低い類似業種比準価額の適用比率が高くなります（「Q28 類似業種比準価額方式の『大会社』への区分変更」参照）。

2 「株式保有特定会社」・「土地保有特定会社」となった場合，「大会社」でも100％類似業種比準価額の適用ができません。合併後の従業員数・総資産額・取引金額の規模要件以外に，相続税評価額での総資産額のうち株式・土地の評価額の合計額の占める割合を検証する必要があります。

3 「適格合併」であれば，被合併法人の資産の移転による譲渡益課税，被合併法人の株主のみなし配当金課税が発生しません。逆に，被合併法人の資産の含み損の実現もありません。合併の場合，法人税法上の「適格合併」・「非適格合併」いずれに該当するか，その場合の課税関係を検討する必要があります。

case study 06 会社を分けて承継する

オーナー社長が営んでいる会社の承継に関して，後継者候補となる親族間で争族が起きるケースがよく見受けられます。このような場合には，オーナー社長の存命中にあらかじめ会社を事業ごとに分けておき，後継者候補にそれぞれの会社を承継させることがあります。その場合の留意点について考えてみましょう。

POINT

- **会社が一つしかなく，親族間で後継者争いが避けられない場合には，後継者ごとに承継させる事業を会社として分割し，争いが起こらぬよう遺言によって相続させる各社の株式を指定する方法が考えられます。**
- **相続発生後における経営をめぐっての親族間の争いを避けるため，遺言によりメインで株式（＝事業）を引き継ぐ経営者以外の者は，その会社の議決権を行使できなくするような仕組みが有効です。**

事例

K社はA氏（社長）を創業者とする小売業を営む非上場会社であり，食料品を中心に扱う地域密着型のスーパーマーケット事業とカー用品や日曜大工用品の販売を全国展開するホームセンター事業という２つの業態で経営を行っている。収益や資産規模は両事業とも同規模で推移している。

A氏には長男・次男の二人の息子がおり，長男・次男ともに会社の経営に参加しているが，兄弟間で経営方針に関する考え方・価値観が異なることから，A氏は自身に相続があった場合には，経営権争いの生じる可能性が高いことを心配している。現在の株式の保有割合は，A氏60％・長男20％・次男20％となっている。

長男は，地域に密着しているスーパーマーケット事業を県外にも展開していきたいと考えているが，それに対し，次男は，自身の趣味でもある力ー用品の販路を積極的に拡大するためにもホームセンター事業を大規模に展開していきたいと考えている。

そこでＡ氏は，兄弟間の経営に関する考え方の違いを察知し，自身に相続が発生した後の経営権争いを未然に回避するため，Ｋ社をスーパーマーケット事業とホームセンター事業という業態別に二社に会社分割（分割型分割）し，将来的には長男が承継する会社をＫ社，次男が承継する会社をＬ社とすることとした。

その後，Ａ氏は，Ｋ社株式を長男に，Ｌ社株式を次男に相続させる旨を記載した遺言書を作成した。

■分割型分割前

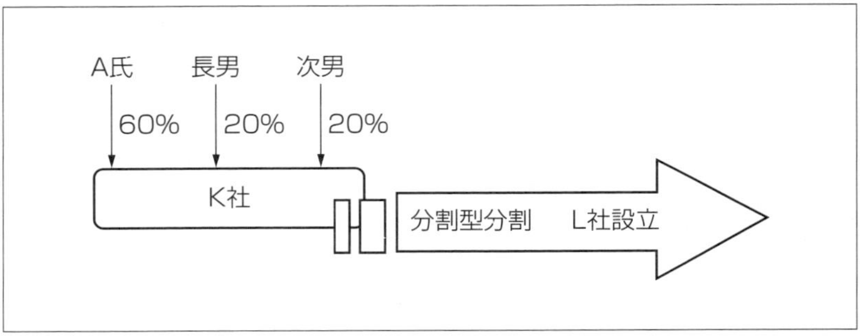

■分割型分割後

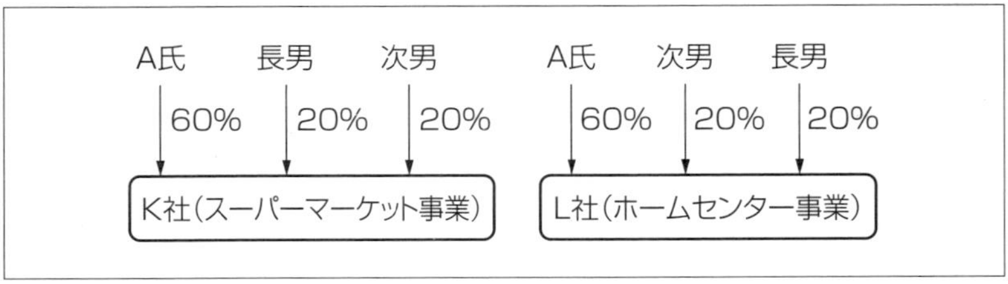

数年後Ａ氏は他界し，遺言に従ってＫ社株式は長男が，Ｌ社株式は次男が相続した。Ｋ社株式の次男保有分，Ｌ社株式の長男保有分各20%については，経営者以外の者が経営に干渉することを防止するとともに

長男または次男に相続が生じた際に自社で買い取れるよう，それぞれ無議決権・取得条項付種類株式へと変更した。

その後は，K社・L社の経営について，兄弟間で争うことなく，円滑に事業を行い，各社とも順調に業績を伸ばしている。

■相続後

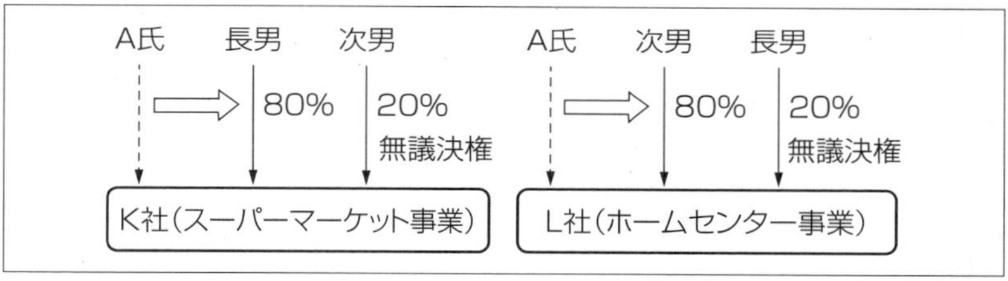

検　討

❶会社分割

一つの会社を2つに分割することは，会社の資産・負債だけでなく，従業員等も二分されることになり，各社の規模は縮小されることになります。また，事業自体を機能ごとに分けたほうがいよいのか，地域ごとに分けたほうがよいのか等を検討する必要があります。

会社を分ける手法としては，会社そのものではなく事業の全部または一部を別の会社に譲渡する「事業譲渡」という手法と，会社がその事業の全部または一部を他の会社に包括的に承継（吸収分割）させ，または新たに設立する会社に包括的に承継（新設分割）させる「会社分割」という手法があります。

会社分割については，会社法において分割型分割（人的分割）がなくなり，分社型分割のみとなりましたが，実質的には「分社型分割＋現物（株式）配当」により，従来の分割型分割と同様の組織再編をすることができます。

税務上は，分割型分割について，分割承継法人の株式が分割法人の株主に交付され，税務上，一定の要件をみたせば「適格分割」となり，移転する分割法

■事業譲渡と会社分割の比較

	事業譲渡	会社分割
譲渡対価	譲渡代金として現金等を支払う	分割承継会社の株式を分割会社または分割会社の株主へ交付する
外部との契約	個別に契約の相手方の承諾が必要	包括的に承継会社へ移転
免許事業	原則引継不可	ケースバイケース
従業員の引継ぎ	個別の同意が必要	個別の同意なく承継が可能 労働者との間で事前協議が必要
資産の移転による含み損益の計上	時価譲渡が原則	税制適格分割であれば，簿価引継可能※
営業権の認定	営業権の要否について検討必要	原則不要

※適格要件はQ&A24をご参照ください。

人の資産・負債は分割承継法人に簿価により引継がれ，譲渡損益の額はなかったものとみなされますので，課税関係が発生しません。「適格分割」に該当しない場合には，分割承継資産の含み益に対する課税や株主に対するみなし配当課税が生じる可能性がありますので，注意が必要です。

K社においては，スーパーマーケット事業・ホームセンター事業という2つの業態に分かれており，それぞれが一定の事業規模であり，従業員が多数存在することなどを踏まえ，買取資金の負担が大きく，また，債権者の個別同意も必要となる事業譲渡の手法はそぐわないと判断し，分割型（新設）分割の手法を採用することとしました。

このケースは，親族が株式の100%を保有し，分割後もその株式の保有が継続されたため，適格分割に該当しました。したがって，法人税の課税や株主に対するみなし配当課税を受けることなく，会社を業態別に二社に分け，長男・次男それぞれが承継すべき会社を明示することができました。

❷遺言書の作成

遺言書には，自分の財産に関し，「誰に」「何を」相続させるかを自由に記載することができます。そのため，相続争いの元凶となる遺産分割協議をすることなく，後継者に自社株式や事業用資産を集中させることが可能です。

ただし，遺言作成時に仮に資産価値が等価となるように，相続人である子供達に資産を分配することとした場合でも，実際に相続が発生するまでの間に二社の株価が乖離していくことが予想されます。その場合，遺言書の内容が遺留分（直系尊属のみが相続人の場合は法定相続分の３分の１，それ以外の場合は法定相続分の２分の１）を侵害した場合，その相続人から「遺留分減殺請求」をされる可能性があるため，遺留分の対策を行うのであれば，オーナーが健在のうちに，株価施策や株式以外の財産の確保を事前に検討しておく必要があります。

今回の事例については，Ａ氏は，長男・次男の経営方針に関する考え方・価値観に相違があることから，相続発生後にＫ社およびＬ社の経営権争いが生じる恐れがあることを予測し，それぞれの会社をそれぞれの後継者に確実に移転できるよう遺言書で承継させる財産を指定することとし，長男にはＡ氏が所有するＫ社株式を，次男にはＡ氏が所有するＬ社株式を相続させる旨を遺言書に記載しました。

会社分割後，Ａ氏は適材適所の経営を実現させるために，長男にはＫ社の経営を，次男にはＬ社の経営を徐々に委譲していったことから，その後，両社ともに順調に業績を伸ばす結果となりました。そのような経緯もあり，相続発生後においても，長男・次男ともに，遺言書に基づいた財産分与に関しては，特段の異論はなく，お互い遺留分減殺請求をすることなく，円満にそれぞれの株式を相続する形となりました。

❸経営者以外の者が所有する株式

(1)　株主の権利

株主には，議決権，剰余金分配請求権のほか，各種の権利が付与されています。議決権割合等に応じた主な権利は，つぎのとおりです。

■株主の権利

2/3超	対株主総会	特別決議の実行権
1/2超	対株主総会	普通決議の実行権
1/3超	対株主総会	(特別決議の否決権)
10%以上	対会社	解散請求権
3%以上	対会社	会計帳簿閲覧権
	対株主総会	株主総会の招集権
	対取締役	取締役解任請求権
1%以上	対株主総会	株主総会の提案権
全株主	対会社	利益配当請求権 残余財産請求権 新株引受権 新株の発行差止請求権 定款，株主名簿の閲覧・謄写 計算書類，監査報告書の閲覧・謄本交付請求権
	対株主総会	出席し，質問や意見を述べる権利 合併，事業譲渡などの反対株主の株式買取請求権
	対取締役	取締役会議事録の閲覧・謄写（裁判所の許可要） 取締役の責任追及の提訴（代表訴訟） 取締役の行為に対する差止請求権

今回の事例においては，相続発生後，K社については経営者でない次男が20%，L社については経営者でない長男が20%の株式をそれぞれ所有する状態となりました。

K社・L社ともに長男・次男がそれぞれ単独で80%＞3分の2以上の株式を保有するため，特別決議の承認が単独で可能ではありますが，各社の経営に支障がでないようにするためにも，それぞれの株式に制限を与えることにしました。

各々で20%部分の株式を買い取るという選択肢もありましたが，お互いに株式の買取資金が不足していたことや取得価額が低いため売却の際，多額の税金が発生することが予想されることから，株主の権利を制限することができる種類株式のうち，「議決権行使制限株式」を導入することとし，その株式をさらに「取得条項付種類株式」とする制限を加えました。

(2) 議決権行使制限株式

議決権行使制限株式とは，配当を受ける権利や残余財産分配請求権などの財産権はあるものの，株主総会で議決権が制限されている株式です。非公開会社においては，議決権行使制限株式の発行数に制限はありません。

後継となる経営者に議決権を集中させるため，経営者以外が有する株式を議決権の行使が制限された無議決権株式へと変更することによって，経営に関与することができない株主にすることができます。今回の事例の場合は，A氏が健在のうちは無議決権株式化について異議が出る可能性は低いでしょうから，会社分割のタイミングで議決権行使制限株式の一つである無議決権株式への変更を検討しました。

(3) 取得条項付種類株式の検討

取得条項付種類株式とは，決められた時期や条件が整うと，株主の同意がなくても会社が強制的に買い取ることができる株式です。

今回の事例では，次男が保有するK社株式の取得条項を次男の死亡（相続），長男が保有するL社株式の取得条項を長男の死亡（相続）として，相続による株式の細分化を防止すべく，会社が強制的に買い取れるように設計しました。

なお，株式をその発行会社に売却した場合には，売買価額のうち資本金等の額を超える部分の金額はみなし配当とされ，配当所得として総合課税となりますが，相続税の納税者が相続により取得した株式を，相続開始の日の翌日から相続税の申告期限の翌日以後3年以内に，その発行会社に売却した場合にはみなし配当の適用はなく，譲渡所得として分離課税となります（措法9の7）。

結　論

❶後継者ごとの承継財産の確定

適格分割により，それぞれの後継者へ承継財産となる会社を用意し，遺言によって承継財産を明確にしたことによって，経営権争いを回避させることが可能です。また，承継財産を決定するにあたっては，相続人各自の適性，事業の将来性・収益性などを考慮のうえ，相続人間で財産の分配に関する不公平感が生じないように留意することが肝要です。

❷無議決権株式化による後継者以外の株主権の制限

後継者以外の方が保有する株式を無議決権化し，さらに取得条項付種類株式に変更することにより，株主であっても経営に参加させず，相続が発生した後にも株式の分散化を避けることが可能となります。

case study 07 種類株を承継する

相続財産に占める自社株式の割合が大きく，後継者となる相続人にだけ自社株式を相続させてしまうと，後継者でない相続人の遺留分を侵害してしまう場合があります。そのような場合に無議決権株式（以下，「議決権制限株式」といいます）を活用する際の留意点について考えてみましょう。

POINT

事業を承継する後継者には議決権のある株式（普通株式）を，事業に関与しない後継者以外の相続人には議決権制限株式を相続させることで，後継者でない相続人の遺留分を侵害することなく，後継者である相続人に会社の経営権を集中させることが可能になります。

事例

食品加工業を営むA社（資本金9,000万円，発行済株式総数50,000株）の代表取締役B氏には二人の息子がいる。B氏の妻は数年前に他界しており，法定相続人は，長男C氏と次男D氏の二人である。B氏は，A社で専務取締役を務める長男C氏を後継者とすることを決めており，上場企業に勤務している次男のD氏にはA社を継がせるつもりはないという。

B氏の保有資産は，A社株式と自宅，上場有価証券程度であり，相続財産に占める自社株式の割合が非常に大きいことから，A社株式の全てを長男C氏に相続させた場合には，次男D氏の遺留分を侵害することが予想される。

兄弟間の対立で会社経営が不安定になるリスクを排除しておきたいと考えたB氏は，長男C氏に議決権を集中させつつ，次男D氏にも財産を残してやることができる方法として，種類株式を活用した事業承継対策の検討を始めた。

B氏は，A社株式の半分にあたる25,000株を議決権制限株式に変更し，後継者である長男Ｃ氏には普通株式を，会社を継がせない次男Ｄ氏には議決権制限株式を相続させる旨の公正証書遺言を作成した。

検　討

❶後継者への議決権集中と遺留分の問題

非上場企業のオーナーの場合，相続財産に占める自社株式の割合が大きいことが多く，後継者となる相続人だけに自社株式を相続させてしまうと，後継者でない相続人の遺留分を侵害し，遺留分減殺請求を受ける可能性があります。

遺留分とは，法定相続人のうち，兄弟姉妹以外の相続人に保証された最低限の相続財産の取得割合をいいます。遺留分は，民法に定められた権利であり，遺言によっても侵すことはできません。遺留分よりも少ない財産しか受け取ることができなかった相続人は，遺留分に対する不足分を遺留分を侵害している受贈者または受遺者に請求し，取り戻すことができます。これを遺留分減殺請求といいます。

事例のケースでは，Ｂ氏に息子が二人おり，すべての財産を長男Ｃ氏に相続させた場合には，Ｄ氏の遺留分である相続財産の４分の１について，Ｃ氏が遺留分減殺請求を受ける可能性があります。一方，法定相続分どおりに相続させた場合には，後継者でない相続人Ｄ氏がＡ社の議決権の約半数を取得することになり，Ｂ氏の死後，兄弟間で意見の対立等が生じた場合には，会社運営に支障をきたすトラブルに発展する可能性が考えられます。

❷議決権制限株式の活用

このようなケースにおいて，後継者であるＣ氏に議決権を集中させつつ，事業を承継しない相続人の遺留分にも配慮した事業承継を行うためには，オーナーＢ氏が保有する株式の一部を議決権制限株式に変更し，議決権のある株式（普通株式）を後継者である長男Ｃ氏に，議決権のない株式を次男Ｄ氏に相続させる方法が考えられます。

■議決権制限株式による事業承継

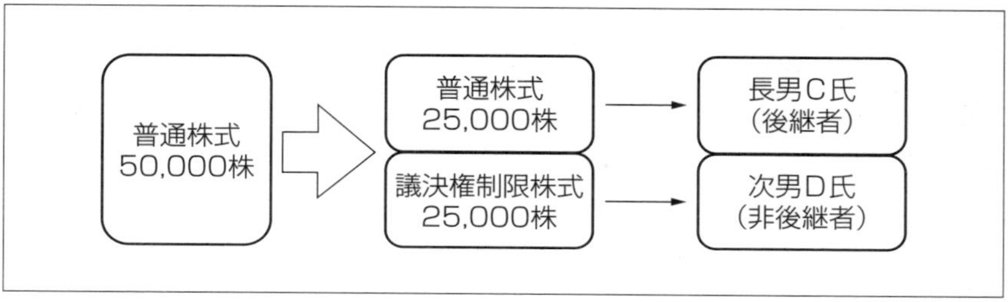

議決権制限株式には，株主総会のすべての事項について議決権を有しない「完全無議決権株式」，役員の選任など一部の事項についてのみ議決権を有しない「一部議決権制限株式」があります。

遺留分減殺請求のリスクを回避することだけを考えれば，発行済株式の４分の１を議決権制限株式に変更し，次男Ｄ氏に相続させることにすれば問題ありませんでしたが，Ｂ氏は会社の経営権はＣ氏に集中させるものの，会社を継がないＤ氏にも普通株式と同様に配当を受けることが可能な議決権制限株式を残してやることで，円満な相続ができるであろうと考え，発行済株式総数の２分の１を議決権制限株式に変更し，Ｄ氏に相続させることにしました。旧商法下では，発行済株式総数の２分の１を超えて議決権制限株式を発行することはできませんでしたが，会社法下では，非公開会社が発行できる株数の限度枠が撤廃され，発行数の制約がなくなりました。ただし，譲渡制限が付されていない公開会社においては，発行済株式総数の２分の１以下にする必要があります。

❸ 議決権制限株式の発行手続

普通株式だけを発行している会社が，種類株式を発行するには，株主総会の特別決議により定款変更を行い，種類株式発行会社にならなければなりません（会社法466，309②十一）。

議決権制限株式を発行する場合には，①株主総会において議決権を行使することができる事項（完全無議決権株式とする場合には，全ての事項について議決権を有しない旨を規定します），②議決権を行使できる条件を定めるときは，その条件，③発行可能種類株式総数，を定める必要があります（会社法108）。

事例のケースでは，オーナーが保有する普通株式の一部を，株主総会のすべての決議事項について議決権を有しない「完全無議決権株式」に変更しています。種類株式発行会社となった会社は，新規に議決権制限株式を発行すること

■議決権制限株式の導入スケジュール例

・**取締役会**

株主総会招集決議

・**株主総会招集通知発送**

↑
1 週間（定款の規定，総株主の同意により短縮可能）
↓

・**株主総会**

定款変更決議―特別決議

・**株主から議決権制限株式への変更の申し出**

・**取締役会**

議決権制限株式へ変更することの承認

・**議決権制限株式への変更を希望する株主と会社との合意**

・**不利益をこうむる可能性がある他の株主の同意**

（他の株主に不利益が生じないことが明らかな場合には不要）

↓
効力発生（合意・同意が揃った時点）から 2 週間以内
↓

・**登記申請**

発行可能種類株式総数，各種類株式の内容，各種の株式の数

も可能ですが，新株発行の方法をとる場合には，発行する株式に対する払込みが必要となりますので，議決権制限株式を導入する場合には，オーナーが保有する普通株式の一部を議決権制限株式に変更する方法が取られることが一般的です。

オーナーが保有する普通株式の一部を議決権制限株式に変更するには，①議決権制限株式への変更を希望する株主（オーナー）と会社との合意，②議決権制限株式へ変更することについての取締役会の承認，③種類株式への変更を希望する株主以外の他の株主全員の同意，の3つを得ることが必要になります。（登記実務のうえでは，他の株主に不利益が生じないことが明らかな場合には，③は不要とされています）。

❹ 遺言の作成

事業承継対策として種類株式を活用する場合には，オーナーの保有株式の一部を普通株式から議決権制限株式に変更するだけでなく，後継者である相続人には普通株式を，後継者以外の相続人には議決権制限株式を相続させる旨の遺言を作成することが重要です。

遺言には，自筆証書遺言，公正証書遺言などの種類がありますが，オーナーの事業承継対策では公正証書遺言を作成することをお勧めします。公正証書遺言は，公証人のもとで作成され，原本が公証役場に保管されるため，紛失や偽造などの心配がなく，自筆証書遺言に比べても安全で確実な方法といえます。

公証人役場の手数料や証人が必要になるというデメリットもありますが，事業を承継する後継者に普通株式を確実に承継するためにも公正証書遺言を選択すべきでしょう。

❺ 種類株式の相続税評価

原則的評価方式が適用される同族株主等が，議決権制限株式を相続等により取得した場合には，原則として，議決権の有無を考慮せずに評価することとされていますので，事例のケースにおいては，長男C氏と次男D氏が保有する株式の相続税評価額は同額となります。

C氏とD氏が合意すれば，原則的評価方式で算定した評価額に5%を乗じて計算した金額を，D氏が相続する議決権制限株式の相続税評価額から控除し，その控除した金額を，C氏が取得した議決権のある株式（普通株式）の評価額に加算して申告することも可能です。

結　論

❶議決権制限株式による議決権の集中

自社株式が相続財産の大部分を占めることが多い非上場企業オーナーの場合，議決権制限株式を活用することで，事業を承継する後継者である相続人には普通株式を，事業を承継しない後継者以外の相続人には議決権制限株式（無議決権株式）を相続させることにより，後継者でない相続人の遺留分を侵害することなく，後継者である相続人に会社の経営権を集中させることが可能となります。

❷遺言による遺産分割の回避

後継者以外の相続人が存在し，かつ，オーナーの生前に遺言が作成されていないときは，相続財産の承継が遺産分割により行われることになります（民法906)。法定相続分による遺産分割では，他の相続人の同意が得られず，後継者に会社の議決権を集中することが困難な状況となることも考えられます。遺産分割が終了するまでは，財産が相続人の共有となりますが（民法898)，共有されている株式については，共有者が議決権等の権利行使者を決定することになります（会社法106)。

権利行使者を誰にするか意見が一致しない場合には，共有持分の過半数によって決定されることとされていますので，相続人が3人以上いる場合，後継者以外の複数の相続人が力を合わせれば，後継者である相続人が会社の経営権を失う可能性も考えられますので，遺言を作成して遺産分割による承継を回避することをお勧めします。

❸ 後継者以外の相続人の納税資金対策

議決権制限株式の相続税評価額は，相続人間の合意による調整計算が行われない限り普通株式と同額になります。議決権のある株式（普通株式）を承継する後継者は，会社に金庫株として取得させることを株主総会で決議するなどして納税資金を準備することが可能かもしれませんが，議決権のない株式を相続した相続人は，相続人自身の一存では金庫株を決議することができないため，納税資金の捻出が困難な状況となる可能性も考えられます。

後継者以外の相続人に議決権制限株式を相続させる場合には，相続税の納税資金として自社株式以外の現金預金や金融資産も合わせて相続させるなどの配慮が望まれます。

case study 08　金庫株を使った納税資金対策

オーナーの相続発生後に，後継者である相続人が，相続税の納税資金を準備することが難しい場合には，相続により取得した株式を金庫株（自己株式）として発行会社に取得してもらい，納税資金を捻出するケースが多くみられます。

相続発生後に金庫株を使って納税資金を捻出する際の留意点について考えてみましょう。

POINT

相続等により取得した株式が相続開始の日の翌日から3年10カ月以内に自己株式として取得された場合には，みなし配当課税は行われず，譲渡益の全額が株式の譲渡所得とされ比較的低い税率（所得税：15%，住民税：5%）が適用できます。

また，相続財産に係る譲渡所得の特例として，相続税額のうち，その株式に対応する部分の金額を取得費に加算して，譲渡所得の金額を圧縮することも可能です。

事例

食料品卸売業を営むA社（資本金5,000万円，発行済株式総数100,000株）のオーナーであるB氏が急死した。B氏の長男C氏が，B氏の保有していたA社株式90,000株を相続し，A社の事業を承継することとなった。被相続人B氏の資産はA社株式が大半で，業績好調であったA社の相続税評価額は非常に高く，他にこれといった財産はなかったため，C氏は相続税の納税資金を準備することが困難な状況にあった。

知人の税理士に相談したところ，相続により取得した株式を会社に金庫株として取得させた場合には，税務上有利な取扱いを受けられる旨のアドバイスを受けた。A社には潤沢な余剰資金があったことから，C氏は相続した株式の3分の1にあたる30,000株を純資産価額をベースに算定した１株当たり 6,000 円でＡ社に取得させることとした。

検　討

❶金庫株による納税資金の確保

非上場会社のオーナーに相続が発生した場合，相続財産に占める自社株式のウエイトが高いことから，相続人である後継者が相続税の納税に苦労するケースが多く見受けられます。被相続人の生前に事業承継対策・相続税対策が行われ，相続税の納税資金も準備されていることが望ましいのですが，相続した自社株式の現金化以外に納税資金の確保が難しい場合には，自社株式を譲渡して現金化する必要に迫られます。しかし，流通性に乏しい非上場株式を引き受けてもらえる者は簡単には見つからず，みだりに親族以外の者に株式を譲渡することもできないため，発行会社に金庫株として取得させるケースが多いのが実情です。

■金庫株による納税資金の確保

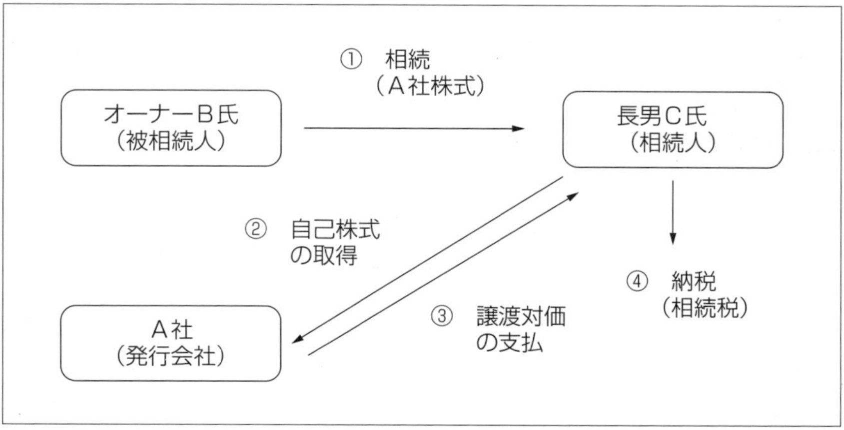

❷ 相続株式の譲渡の特例

(1) みなし配当課税の不適用

相続または遺贈により取得した非上場株式を，その相続開始の日の翌日から相続税の申告期限の翌日以後3年を経過する日までの間に，その発行会社に譲渡した場合には，その譲渡対価の額が，その譲渡した株式に係る資本等の金額を超えるときでもみなし配当課税を行わず，すべて株式等に係る譲渡所得として，20％（所得税：15％，住民税：5％）という比較的低い税率が適用されます（措法9の7)。

みなし配当課税が行われる場合には，譲渡対価のうち発行会社の資本等の金額を超える部分が配当所得（総合課税）となり，最高で50％（所得税：40％，住民税：10％，配当控除考慮後43.6％）の税率が課せられるため，みなし配当課税が不適用となる3年10カ月の期間内に金庫株を行うことは，有効な納税資金対策といえます。

(2) 相続税額の取得費加算

上記(1)の場合，相続税額のうち，譲渡した株式に対応する部分の金額を取得費に加算して譲渡所得に係る収入金額から控除できます（措法39)。

(3) 手続関係

みなし配当課税の不適用の特例を受けるためには，株式をその発行会社に譲渡する時までに，「相続財産に係る非上場会社株式をその発行会社に譲渡した場合のみなし配当課税の特例に関する届出書」を発行会社に提出し，発行会社は，株式を譲り受けた日の属する年の翌年1月31日までに，本店所在地の税務署長に提出する必要があります（措令5の2)。

一方，相続税額の取得費加算の適用を受けるためには，所得税の確定申告書に，相続税申告書の写し，相続財産の取得費に加算される相続税の計算明細，株式等に係る譲渡所得等の金額の計算明細書を添付する必要があります。

相続財産に係る非上場株式をその発行会社に譲渡した場合のみなし配当課税の特例に関する届出書（譲渡人用）

発行会社受付印 税務署受付印	譲渡人	（フリガナ）	
		氏　名	㊞
平成　年　月　日 税務署長殿		住所又は居所	〒 電話　―　―

租税特別措置法第9条の7第1項の規定の適用を受けたいので、租税特別措置法施行令第5条の2第1項の規定により、次のとおり届け出ます。

被相続人	氏　名		死亡年月日	平成　年　月　日
	死亡時の住所又は居所			
納付すべき相続税額又はその見積額		円	（注）納付すべき相続税額又はその見積額が「0円」の場合にはこの特例の適用はありません。	
課税価格算入株式数				
上記のうち譲渡をしようとする株式数				
その他参考となるべき事項				

相続財産に係る非上場株式をその発行会社に譲渡した場合のみなし配当課税の特例に関する届出書（発行会社用）

※整理番号	

税務署受付印	発行会社	（フリガナ）	
		氏　名	㊞
平成　年　月　日 税務署長殿		所在地	〒 電話　―　―

上記譲渡人から株式を譲り受けたので、租税特別措置法施行令第5条の2第2項の規定により、次のとおり届け出ます。

譲り受けた株式数	
1株当たりの譲受対価	
譲受年月日	平成　年　月　日

（注）上記譲渡人に納付すべき相続税額又はその見積額が「0円」の場合には、当該特例の適用はありませんので、みなし配当課税を行うことになります。この場合、届出書の提出は不要です。

※税務署処理欄	法人課税部門	整理簿	確認欄	資産回収	資産課税部門			通信日付印	確認印
								年　月　日	

18·06 改正

❸ 株式の譲渡価額

後継者が相続により取得した株式を金庫株として発行会社に取得させる際の譲渡対価（1株当たりの売買価額）は，どのように決定すればよいのでしょうか。

個人が法人に対して時価の2分の1に満たない金額で株式を譲渡した場合には，時価で譲渡があったものとみなされます（所法59①，所令169）。時価の2分の1以上の対価で譲渡した場合であっても，発行会社が同族会社である場合には，同族会社の行為計算否認により，時価課税される可能性があるため，譲渡価額の設定には注意を要します（所基通59-3）。

個人が法人に対して時価の2分の1に満たない金額で取引相場のない株式（非上場株式）を譲渡した場合において，時価で譲渡があったものとみなされる「時価」は，以下（所基通23～35共-9）に準じて算定した金額とされています（所基通59-6）。

① 売買実例のあるもの
最近において売買の行われたもののうち適正と認められる価額

② 類似会社の株式の価額があるもの
類似会社の株式の価額に比準して推定した価額

③ ①②に該当しないもの
純資産価額等を参酌して通常取引されると認められる価額

この場合，上記③の価額は，原則として，次によることを条件に，「財産評価基本通達」178から189-7「取引相場のない株式の評価」の例により算定した価額となります（所基通59-6）。

① 同族株主に該当するかどうかは，譲渡直前の議決権数により判定する。

② 株式を譲渡した個人が「中心的な同族株主」に該当するときは，常に「小会社」に該当するものとして株価算定を行う。

③ 株式の発行会社が土地等・上場有価証券を有しているときは，純資産価額の算定上，これらの資産については，譲渡時の時価によること。

④ 純資産価額の算定上，財産評価基本通達186-2による評価差額に対する法人税等相当額（税率45%）は控除しないこと。

逆に，時価より高い金額で発行会社が取得した場合には，時価と譲渡対価との差額が，発行会社と相続人との関係により，給与所得（役員・従業員の場合）または一時所得（役員・従業員以外の場合）として課税されます（所基通34-1（5））。

事例のケースでは，C氏が「中心的な同族株主」に該当することから，「小会社」として株価を算定しています。A社が保有する土地および上場有価証券は時価で評価し，評価差額に対する法人税等相当額は控除せずに，1株当たりの純資産価額を算定しています。小会社の株式の評価では，納税義務者の選択により，純資産価額よりも評価額が低くなることが多い類似業種比準価額を2分の1ずつ採用することも可能ですが，相続税の納税資金を捻出するという目的に鑑み，上記の所得税基本通達59-6を考慮した純資産価額により算定した6,000円を1株当たりの譲渡対価としています。

❹ 金庫株取得後の株主構成

発行会社に取得された金庫株は議決権を有しないため（会社法308），金庫株により保有株式を取得される相続人以外にも株主が存在する場合には，他の株主の議決権割合は相対的に増加することになります。したがって，金庫株の取得後も，後継者である相続人が，3分の2超の議決権を確保できる株数を上限とする必要があります。

事例のケースでは，発行済株式総数100,000株のうち90,000株を相続した後継者C氏の金庫株30,000株取得後の議決権割合は85.7%と，株主総会の特別決議に必要な3分の2超を確保できていることから，経営権に支障のない範囲

■金庫株による株主構成の変化

	後継者C氏	その他株主	合　計
金庫株取得前	90,000株（90.0%）	10,000株（10.0%）	100,000株（100%）
取得される株数	△30,000株	—	△30,000株
金庫株取得後	60,000株（85.7%）	10,000株（14.2%）	70,000株（100%）

で金庫株が行われています。

❺会社の手続

(1)　特定の株主からの取得

会社が，特定の株主から自己株式を取得する場合には，株主総会の特別決議が必要です（会社法160，309②二）。旧商法下では，定時株主総会での決議が必要でしたが，会社法下では，臨時株主総会で決議することも可能になりました。

特定の株主から自己株式を取得する場合には，売主以外の他の株主に売主追加請求権が認められますが（会社法160），相続等により株式を取得した株主から自己株式を取得する場合には，他の株主には売主追加請求権が付与されません（会社法162）。事例のケースでも，相続人であるC氏以外の株主が売主追加請求をすることはできません。

(2)　財源規制

会社法では，自己株式の取得は，会社財産を株主に払い戻す行為とされています。したがって，会社が自己株式を有償取得する場合には，剰余金の配当と同様，分配可能額を超える金額の金銭を交付することはできません（会社法461）。

(3)　売買代金の決済

株主に対して自己株式の取得対価を支払った場合において，みなし配当課税が行われるときは，会社は譲渡対価のうちみなし配当となる金額の20%を源泉徴収し，源泉徴収した日の属する月の翌月10日までに納付しなければなりません。

ただし，このケースのようにみなし配当課税の不適用の特例を受けられるケースでは，譲渡益の全額が株式等に係る譲渡所得となるため，源泉徴収を行う必要はありません。

(4) 自己株式の処分・消却

会社法では，自己株式の処分は「募集株式の発行」にあたるとして，新株発行と同様の手続によることとされています（会社法199①）。後継者である相続人から取得した金庫株を処分する場合には，株主総会の特別決議が必要です。

また，取締役会の決議で金庫株を消却することも可能です（会社法178）。消却に際して資本金を減少させることも可能ですが，その際には減資と同様に株主総会の特別決議と債権者保護手続が必要となります。

結　論

❶ 相続税の納税資金対策

相続財産である自社株式の一部を，発行会社に金庫株として取得してもらうことで，譲渡対価を相続税の納税資金に充てることが可能となります。事例は，事業承継対策・相続税対策がほとんど行われていなかったケースですが，オーナーの生前に事業承継対策を行っていても，相続により承継する資産をゼロにすることは困難なため，納税資金の確保は，後継者である相続人にとって非常に重要な問題です。

相続により取得した株式を金庫株として発行会社に譲渡する場合は，「みなし配当課税の不適用」や「相続税額の取得費加算」といった特例の適用を受けることができるため，相続税の納税資金対策としては有効な方法です。

❷ 事業承継対策の重要性

会社が金庫株を取得することは，当然にキャッシュアウトを伴います。会社に潤沢な余剰資金がなければ，相続税の納税資金に充てるだけの金庫株を取得することはできません。株主構成にも変化が生じるため，オーナーの生前に相続税額の試算を行うことはもちろん，金庫株を取得する際の譲渡対価や金庫株取得後の資本関係をシミュレーションするなど，事業承継に向けた事前のプランニングを行うことが重要です。

case study 09 オーナー社長からの多額の借入金

中小企業では，資金繰りのためにオーナー社長から借入れをしているケースが多々あります。このオーナー社長からの借入金の返済の目途がつかなくなったある会社が，どのように借入金問題を解消したのか事例をご紹介します。

POINT

DES（債務の株式化）を実行することにより，会社は新たな資金負担なしに借入金を消滅させ，資本を充実させることができます。一方，オーナー社長からすれば会社に対する貸付金が会社の株式に転換することになります。相続税法では貸付金などの債権は，原則として額面金額をベースに評価されますが，非上場株式は，時価純資産価額などを用いて評価することになります。その会社が債務超過の状態であれば，株価はほとんど評価されません。

DESの実行により，会社の財務体質の強化が図られるのと同時に，オーナー社長の相続財産の評価額の引下げも可能です。

事例

K社は社長であるA氏が100%保有する非上場会社（資本金1億円，発行済株式数2,000株）である。K社はここ数年赤字が続き，税務上の繰越欠損金が5億円となるなど債務超過の状況であり，資金繰りのため，A氏からの借入れを重ね，その総額は5億円に上っていた。

A氏の長男B氏も，専務取締役としてK社に入社しており，将来の社長と目されていたが，債務超過のK社をこのままの状態で引き継ぐことに不安があり，また父親であるA氏の会社に対する貸付金5億円が回収の目途もたたないのに相続税の対象となってしまうことも憂慮していた。そこで，B氏はA氏に対し，5億円の借入金をDESにより資本に変換してほしい旨を申し出たところ，A氏も快諾した。

A氏は貸付金5億円をK社に現物出資し，K社はA氏に対し

4,000 株を新株発行した。この際，新株の発行価額が債権金額を下回ったため，K 社では債務消滅益の計上を行った。

A 氏サイドでは，5 億円の債権が会社の株式に転換したわけだが，相続税法上，K 社の株式を純資産価額で評価したところ，債務超過が解消し株式の評価額は 2 億円に上昇したが，債権として貸し付けていたときに比べ，相続財産全体としての評価額は下がった。

■ K 社の貸借対照表

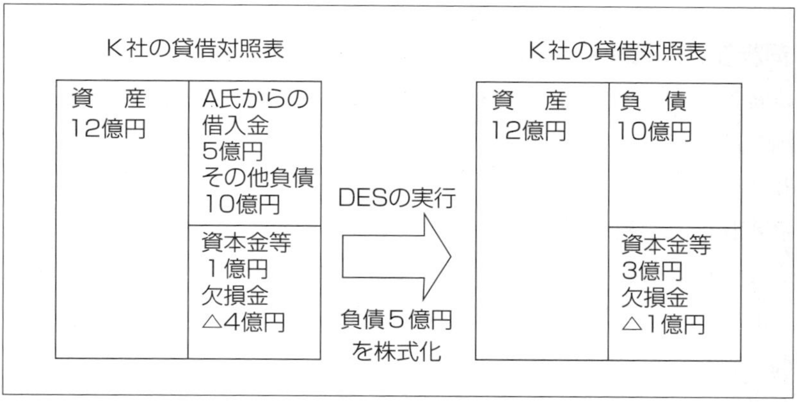

検　討

DES（デット・エクイティ・スワップ）とは，会社の債務（デット）を会社の資本（エクイティ）へ交換（スワップ）する取引をいい，会社に金銭債権を有する債権者が，その金銭債権を債務者である会社に現物出資して，その対価として株式を取得するものです。

❶ DES の実行手続

まず最初に，債務者と債権者間で同意する必要があります。DES の実態は金銭債権の現物出資ですので，債務者の会社では新株発行（第三者割当増資）の手続を行います。なお，この新株発行に自己株式を利用することもできます。

第三者割当増資を行うには取締役会決議が必要ですが，株式譲渡制限会社の場合には，株主総会の特別決議が必要です。ただし，株式譲渡制限のない会社でも，その第三者割当増資が有利発行に該当する場合には，株主総会の特別決議が必要となります。

なお，履行期が到来している金銭債権を，その債権額以下で現物出資する場合には，検査役の調査は不要です（会社法207⑨）。

❷同族個人会社間でDESを実行する場合の留意点

債務者である会社が債務を株式化する場合の処理方法として，債権の額面（券面）額を資本金等とする考え方（券面額説）と，債権の時価評価額を資本金等とする考え方（時価評価説）がありました。

平成18年度の税制改正により，DESにより増加する資本金等の額は，給付を受けた金銭以外の資産の時価と定義され，時価評価説をとることが明らかとなりました（法令8①一）。したがって，法人税法上，DESにおける金銭債権の時価が資本金等の増加額になります。そして，DESによって受け入れた自己宛の債権は混同（民法520）により消滅すると考えられるので，債権の時価が額面金額を下回る場合には，その差額を債務消滅益として認識します。さらに，平成21年度の税制改正において，債務免除には，一定のDESを含むことが明示されました（法令24の2②三）。

この債務消滅益は税務上の繰越欠損金と相殺できますが，期限切れ欠損金とは会社更生等による債務免除等があった場合以外には，その相殺ができず課税所得が発生する可能性があります。

また，DESを実行することにより，会社の株価が上昇するような場合には，現物出資した株主以外の他の株主に対して贈与があったものとしての課税問題が生じることがあります。

❸K 社（債務者）の処理

K 社は，A 氏から貸付債権 5 億円（券面額）の現物出資を受け，4,000 株を新株発行しました。

DESを実施した会社側では，債権の時価相当額が資本金等の額となりますが，貸付債権の時価算定に際しては債権回収の時期および回収可能金額等の予測を厳密に行わなければなりません。このケースでは，A 氏の貸付金（K 社にとっては借入金）以外の債権（K 社にとっては債務）は，すべて抵当権等で担保されており，A 氏の貸付金はすべての債権に劣後する状態であったため，回収可能額（K 社にとっての返済可能額）をつぎのように試算しました。

A 氏からの借入金の返済可能額

12 億円－10 億円＝2 億円

つまり，貸付債権の時価は 2 億円となりますので，K 社ではその 2 分の 1 を資本金の額とし，残額を資本準備金（払込剰余金）としました。また，債権の券面額 5 億円と時価との差額 3 億円を債務消滅益として計上しましたが，税務上の繰越欠損金の控除により，法人税は発生しませんでした。

❹A 氏（債権者）の処理

現物出資した場合も，資産の譲渡となり所得税の課税対象となります。その際の譲渡収入の金額は，出資した財産の時価ではなく，現物出資により取得した株式の時価となります（所法 36 ②）。

A 氏が現物出資した貸付債権の時価は，DES 実施後の K 社の時価になりますので，つぎのとおり算定されます。

12 億円－10 億円＝2 億円（K 社の時価総額）

2 億円×4,000 株 /6,000 株≒1.3 億円

すなわち，帳簿価額 5 億円の貸付債権を 1.3 億円で譲渡したことになりますので，差額 3.7 億円は現物出資のあった年分の損失となります。現物出資に際し発行される株式数は任意に設定できるため，発行株式数に応じて譲渡収入の

金額は変動します。そのため，譲渡損益の計上については，税務上の問題をはらんでいます。

また，DESのように債権を現物出資する場合には，貸付債権等の金銭債権は譲渡所得の基因となる資産には該当しないので（所基通33-1），その損失は雑所得の損失となります。雑所得の損失は他の雑所得の利益と相殺できますが，相殺できなかった損失部分は他の所得と通算することはできません（所法69①）。

また，このDESの実施によりA社長の相続財産は，つぎのように変化しました。

■ **A社長の相続財産**

DES実行前

現金預金	2億円
K社貸付金	5億円
K社株式	0円(△3億円)
財産合計	7億円

貸付金5億円を株式化 ⇒

DES実行後

現金預金	2億円
K社貸付金	―
K社株式	2億円
財産合計	4億円

K社は債務の資本化により債務超過が解消し株価は上昇しましたが，5億円の貸付金が消滅したことにより，相続財産全体の評価額は下がりました。

❺擬似DESの活用

DESの実行にあたっては，債権の時価と株式の時価との差額がある場合には，課税問題が生じます。

そのため，債権者から金銭出資を受けた後に，債権者に対し債務の返済を行う擬似DESという手法を採用することがあります。擬似DESは出資を先に受けることで，債権を株式に転換するDESと同様の効果がありながら，債務消滅益課税の対象とならない手法といわれています。債権者が一時的に出資資金を準備できる場合には検討に値します。

ただし，擬似DESの目的が，租税負担の減少のみを目的とし，金銭出資と債務弁済が一体であると認められる場合には，DESと同様の課税問題が生じる可能性がありますので，実行にあたっては十分に検討する必要があります。

結　論

DES（債務の資本化）は，財務体質がぜい弱な会社を再生する一手法として，債権放棄などと同様，広く利用されています。

DESは，債権者からすれば貸付債権が会社の株式に転換することであり，回収可能性が低い債権の相続税評価額を軽減することが可能です。

資本への交換時には，債務消滅益による法人税の課税に注意しながら実行することが重要です。また，この事例では株主が一人であったので問題にはなりませんでしたが，DESの結果，株式の評価額が上がる場合には，DESに応じた株主以外の株主について贈与税が課される可能性がありますので，留意する必要があります。

case study 10 オーナー社長への多額の貸付金

中小零細企業の場合，会社の経営を維持するために，オーナー社長が会社に対して貸付を行っているケースが多くみられますが，逆に会社からオーナー社長へ貸付を行っているケースもあります。このようなケースでは，貸付金の存在および返済をどのように考えていけばよいか検討してみましょう。

POINT

- **オーナー社長が会社から多額の借入金がある場合，相続人たる後継者へ事業を承継する前に自ら精算することで，その後の後継者による資金負担を軽減し，後継者への円滑なバトンタッチが可能となります。**
- **金融機関から資産として評価されない役員貸付金を精算し，会社の財務体質を改善することで金融機関からの評価を引き上げます。**
- **会社資金とオーナー社長個人資金との区分を明確にし，会社のコンプライアンス体制を強化します。**

事例

X社は40年前に創業者であるA氏（代表取締役社長）が立ち上げた自動車部品の商社である。創業から現在に至るまでの間，A氏はゴルフ会員権の購入や飲食などの接待交際費を会社資金でまかない，公私ともに営業努力を続けてきた。会社側としては，税務否認を考慮して，極力A氏への貸付金として帳簿上処理しており，また元本に係る利息も未収であることから，帳簿上は未収利息として毎期計上してきた。現時点で貸付金および未収利息の残合計は300百万円となっている。

A氏は現在65歳で，妻と一男一女がおり，長男Bは後継者候補として，X社の専務取締役に就任している。妻と長女CはX社の経営に携わっていない。

X社の株主構成および貸借対照表の状況は，つぎのとおりである。

X社の株主構成

A氏（代表取締役社長）	50,000株	50%
B氏（専務取締役）	30,000株	30%
その他株主	20,000株	20%
発行済株式総数	100,000株	100%

※ A氏の所有する株式の取得価額は2,500円/株
　取得費＝資本金等の額とする

X社の貸借対照表

貸借対照表（簿価＝時価）　単位（百万円）

現金預金	850	買掛金	300
売掛金	200	借入金	750
棚卸資産	200		
A社長への貸付金※1	300	資本金	125
固定資産	500	資本剰余金（資本準備金）	125
		利益剰余金	750
資産計	2,050	負債・純資産計	2,050

※1　未収利息含む
※2　1株当たりの時価純資産価額　10,000円

A氏は長男であるB氏に事業を承継させようと考えているが，A氏への貸付金が残ったままでは，その貸付金を相続するであろうB氏に将来的に会社への返済負担を強いることになってしまう恐れがあるため，円滑な承継ができないのではとの不安を感じている。また，取引先銀行からも，この多額の借入金が問題視され，再三是正を求められていた。

元本を返済しない限り，貸付金に対する利息が積み上がることも懸念されることから，A氏は貸付金を退職前に早期精算するべきと考え，返済方法を検討することとした。

全額手持ち資金で返済することも検討したが，資金繰りが困難であることから，A氏所有のX社株式50,000株のうち，20,000株を金

庫株により1株当たり金10,000円（総額200百万円）で会社側に買い取ってもらい，手持ち資金と合わせた150百万円をもって，貸付金の一部を返済することとなった。

残りの貸付金150百万円についても，A氏に対する役員退職金200百万円の税引き後資金をもって返済した。なお，退職金の支給金額について税務否認されないよう，退職した実態を示すべく，社長職を降り，完全勇退することとなった。

【A氏の参考データ】

・役員報酬　年額60百万円（月額5,000千円）
・勤続年数　40年

検　討

❶ 自己株式（金庫株）について

（1）　自己株式の取得手続

会社が株主から自社株式を買い取ることを自己株式の取得といい，取得した自己株式を金庫株といいます。

今回のケースでは，A氏との合意のもとに自己株式の取得が行われるため，「株主との合意による取得（会社法155）」に該当します。

株主との合意による自己株式の取得手続には，取得先の株主を特定しない方法（ミニ公開買付）と取得先の株主を特定する方法の2つの方法がありますが，今回のケースでは，A氏所有のX社株式50,000株のうち20,000株を取得しますので，「取得先の株主を特定する方法」によることになります。

① 定時または臨時の株主総会の特別決議により，有償で取得する株式の数，株式を取得するのと引換えに交付する金銭等の内容およびその総額，株式を取得することができる期間ならびに「以下②の通知を特定の株主に対し

て行う旨」を決議し，具体的な取得株式数・取得価格の決定は，取得の都度，取締役会で決議（取締会を置かない会社では取締役の決定）します（会社法156，157，160）。

② 取得株式数・取得価格等を特定の株主に対して通知します（会社法158）。

③ 特定の株主は，申込期日までに，取得を希望する株式の種類および数を会社に対して申込みします（会社法159）。

■自己株式取得のスケジュール例

・**取締役会**

　株主総会招集決議（会社法298）

・**株主総会招集通知発送**

・**全株主への通知（会社法160②，施規28）**

　※特定株主に自己を加える旨の請求ができる旨

・**追加請求の期限（会社法160③，施規29）**

　↑ 3日前　　↑ 最低1週間以上前

・**株主総会**

　自己株式の取得決議（会社法156，160①）

・**取締役会**

　特定株主との合意による株式の取得価格等の決定（会社法157）

・**特定株主への取得価格等の通知（会社法158①）**

　↓ 期間制限なし

・**特定株主からの株式譲渡の申込（会社法159）**

・**株式の譲渡しの申込期日**

・**譲渡対価の交付**

(2) 分配可能額による自己株式取得財源規制

自己株式の取得は，株主に払戻しをするという点において剰余金の配当（利益配当）と同じですので，「分配可能額を超えてはならない」との財源規制（会社法461①三）があり，分配可能額が無い場合には自己株式の取得は禁じられます。したがって，実行にあたっては分配可能額の有無の確認が必須となります。

具体的な分配可能額の計算方法は，つぎのとおりです。

① 最終事業年度の末日時点における剰余金の額の算定

最終事業年度末日のその他利益剰余金の額＋その他資本剰余金の額

② 効力発生日における剰余金の額の算定

最終事業年度の末日時点における剰余金の額から事業年度の末日後に生じた自己株式処分差益等の変動要因を加減算します。

③ 効力発生日における分配可能額の算定

効力発生日における剰余金の額－（自己株式の帳簿価額＋のれん等調整額（※）＋その他有価証券評価差額（含み損の場合のみ）＋土地再評価差額金（含み損の場合のみ）＋純資産額中剰余金以外の額が300万円に満たない場合のその不足額）

※「のれん」の2分の1＋「繰延資産」から資本金・資本準備金の額を減じて得た額（ただし，その他資本剰余金の額を限度とする）

今回のケースにおいては，加減算の要因となる項目がないため，分配可能額は利益剰余金の750百万円となります。

(4)　取得株式数の検討

取得株式数を決定するにあたり検討すべき事項は，貸付金の返済額をいくらに設定するのかはもちろんですが，金庫株実行後の議決権（会社支配権）を保持できるかどうかの観点も重要となります。

会社支配権を保持するには，少なくとも総株主の議決権の過半数は必要で，可能であれば総株主の議決権の3分の2以上を保持したいところです。

今回のケースであれば，A氏と後継者のB氏が保有する合計株式数を検討します。金庫株実行後の株主構成はつぎのとおりとなるため，合わせて75%の会社支配権を保持しつづけることが可能です。

■金庫株実行後のX社の株主構成

A氏（代表取締役社長）	30,000株	37.5%
B氏（専務取締役）	30,000株	37.5%
その他株主	20,000株	25%
自己株式	20,000株	—
発行済株式総数	100,000株	100%

(5) 課税関係

個人が非上場株式を，その発行会社に譲渡した場合，譲渡対価のうち，発行会社のその譲渡した株式に対応する資本金等の額を超える部分の金額は，配当金とみなされ（所法25①），他の所得と総合して課税されます。資本金等の金額から取得費を控除した金額は，株式等に係る譲渡所得となり，20%の税率で課税され，また，配当とみなされた部分の金額については，発行会社において20%の源泉徴収が行われます。

今回のケースにおいては，A氏の所有する株式の取得費＝資本金等の額のため，譲渡損益は発生せず，みなし配当の金額のみ発生します。そのため，みなし配当部分は総合所得課税となり，給与所得と合わせて所得税・住民税を計算することとなります。

【会社側】

みなし配当金額

10,000円×20,000株－250百万円（資本金＋資本剰余金）

×20,000株/100,000株＝150百万円

源泉所得税

みなし配当金額150百万円×20%＝30百万円

【A 氏側】

配当収入	200,000 千円	
給与収入	60,000 千円	給与所得控除 4,700 千円
所得計	260,000 千円	
所得税・住民税	△ 90,066 千円	税率 50%，配当控除 5%，基礎控除 38 万円として計算
差引手取額	169,934 千円	→ A 氏への貸付金の一部 150 万円の返済に充当

❷ 役員退職金による借入金返済

(1) 役員退職金の支給手続

役員退職金を支給するには，役員退職金規程を事前に作成・整備しておき，役員が実際に退職した際に，当該規程に基づく功績倍率を使用して算定した退職金を支給することになります。また，実際に役員退職金を支給するためには，株主総会と取締役会の決議ならびに議事録の作成が必要です。

なお，役員を退職するという事実が重要となりますので，役員退職金を支給する場合には，対象となる役員は完全に退任するか，もしくは分掌変更によりその地位・担当業務が大幅に変わることが必要です（分掌変更の具体例はＱ＆A23 を参照)。

したがって，役員の退任が形式的なもので，経営権は実質的には当該役員が握っているなど，退任前後の状況がほとんど変わっていない場合には，退任の事実がないものとして退職金が税務上の損金と認められないだけでなく，役員側でも退職金が役員報酬（給与）として取り扱われるため，多額の源泉所得税の計上もれが発生することとなるため，慎重に処理することが重要です。

今回のケースにおいては，当初，A 氏は社長職から会長職への役職変更を希望していましたが，会社からの借入金返済を優先して考え，税務否認リスクも意識した結果，社長職から会長職への変更のみならず，完全勇退する形の幕引きとなりました。

(2) 法人税における効果

法人税の計算において，会社が損金として計上した役員退職金のうち，過大な部分については，役員報酬と同様，損金として認められません。具体的には，法人税法上，適正額を「『当該役員のその内国法人の業務に従事した期間，その退職の事情，その内国法人と同種の事業を営む法人でその事業規模が類似するものの役員に対する退職給与の支給の状況等』に照らして，その退職した役員に対する退職給与として相当であると認められる金額（法令70②）」と規定しています。

役員退職金については，役員退職金の適正額の計算方法が法令や通達等で定められていないため，租税裁判の判例などを参考にして「功績倍率法」や「1年当たり平均額法」が一般的に採用されていますが，中小企業においては，報酬月額に役員在職年数と役職に応じた功績倍率を乗じて求める「功績倍率法」が最も多く使われています。

① 平均功績倍率法

最終報酬月額（※ 1）×勤続年数×功績倍率（※ 2）

（※ 1） 報酬月額は退職前に非常勤になっていたり，業績が悪く相当の報酬減額をしていたりなど最終月額が大きく変動している場合にはこれらを考慮して決定します。また，退職金の支払いを考えて報酬額を一度に上昇させると，過大役員報酬とみなされる恐れがあることから，業績に見合った役員報酬を設定し，妥当な水準にしておく必要があります。

（※ 2） 功績倍率は会社の規模によって異なりますが，裁判事例等によると2～3倍前後が多く，またオーナー創業者ともなると，4～5倍前後であっても，それほど問題視されることはないと言われています。

② 1年当たり平均額法

この方法は，支給された退職給与の額を勤続年数で割り，1年当たりの退職金を算出して，これを類似する同業種の法人と比較する方法です。しかしながら，類似比較法人の退職給与を入手することが困難であるため，裁判事例等を参考にすることもあり，中小企業にとっては一般的ではありません。

今回のケースにおいては，A氏の最終報酬月額が5,000千円に対し，退職金は200百万円の支給であるため，退職金の金額自体は，つぎの計算で示したとおり，「不相当に高額である」とはいえず，法人側では全額損金算入が可能です。

a　退職金支給額　200百万円

b　損金算入限度額

A氏の最終報酬月額5,000千円×在任年数40年×功績倍率3倍前後
＝600百万円前後

c　a≦b　∴全額，税務上適正な退職金であり，会社側で損金算入可能

(3)　所得税における効果

役員への退職金は，退職所得として所得税の課税対象となります（所法30①）が，勤続年数に応じて退職所得控除額が適用でき，かつ所得金額が所得控除後の2分の1の金額となるため，報酬や賞与などの給与所得と比較して優遇されています。

退職所得の金額＝（収入金額－退職所得控除額※）×1/2
※退職所得控除額
勤続年数20年以下　40万円×勤続年数（最低80万円）
勤続年数20年超　　70万円×（勤続年数－20年）＋800万円

今回のケースにおいては，A氏は勤続年数40年のため，所得税・住民税の金額は，

{200,000千円－(8,000千円＋700千円×(40年－20年)}×1/2×税率50%
－控除額3,686千円＝40,814千円となります。

したがって，手取額が200,000千円－40,814千円＝159,186円となり，借入金の残額150百万円の返済に充当することができました。

(4)　株式評価における効果

自社の株式が「純資産価額方式」によって評価される場合，役員退職金の支

対策前：貸借対照表（簿価＝時価）　　単位（百万円）

現金預金	850	買掛金	300
売掛金	200	借入金	750
棚卸資産	200		
A社長への貸付金※1	300	資本金	125
固定資産	500	資本剰余金（資本準備金）	125
		利益剰余金	750
資産計	2,050	負債・純資産計	2,050

※1　未収利息含む
※2　1株当たりの時価純資産価額　10,000円

対策後：貸借対照表（簿価＝時価）　　単位（百万円）

現金預金	750	買掛金	300
売掛金	200	借入金	750
棚卸資産	200		
固定資産	500	資本金	125
		資本剰余金（資本準備金）	125
		利益剰余金	550
		自己株式	△200
資産計	1,650	負債・純資産計	1,650

※　1株当たりの時価純資産価額　7,500円

給により資金が社外へ流出するため，結果として純資産価額が下がります。

また，類似業種比準価額も3要素のうち，利益・純資産価額が下がるため，価額の引下げが可能となります。

今回のケースにおいては，A氏所有株式50,000株のうち，20,000株を金庫株による買い取り対象としたため，残り30,000株をA氏は所有しつづけることとなりますが，退職金を支給した後の株価が下がったタイミングで，後継者であるB氏に株式を譲渡または贈与することにより，円滑な承継が可能となるという副次的効果も発生します。

結　論

❶後継者への円滑なバトンタッチ

自社株式以外に，オーナー社長個人の会社からの借入金（役員貸付金）を，相続人である後継者へ承継させることは，元本および積み上がっていく利息の返済義務を背負わせることとなるため，将来に渡って後継者に経済的負担を強いることとなってしまいます。

役員貸付金を精算したことで後継者への円滑なバトンタッチが実現可能となり，社長の精神的不安も解消されました。

❷財務体質の改善

多額の役員貸付金が計上されていますと，以下の理由から金融機関からの評価が引き下げられ，追加融資を受けることができなくなる恐れがあります。

(1)　換金性の困難な資産であるとして，役員貸付金は金融機関から資産として評価されない。

(2)　金融機関が事業資金として融資している資金が事業外資金として又貸し（流用）されているものと見られる。

(3)　会社資金とオーナー社長個人資金との区分が不明確な会社であると見られる。

役員貸付金を精算したことで金融機関からの評価を引き上げ，追加融資の実行を容易にすることができました。

索　　引

〔アルファベット〕

〔あ行〕

〔か行〕

〔さ行〕

グラントソントン太陽 ASG 税理士法人（グラント・ソントン加盟事務所）

国際・国内税務会計のコンサルティング専門集団として1971年の設立以来，四半世紀以上にわたり活動してきました。毎年変更・改正され「複雑化する税務問題」，適正な課税を求めて「一般化する税務訴訟」，ボーダレス化を背景に「多様化する選択肢」に対応すべく，各種税務相談，税務戦略立案・実行から税務訴訟対応まで税のあらゆる分野において総合的ソリューションを提供します。

税務問題にとどまらず，商事法務，会計監査，などの法規と事業戦略・実行サポートなどの実務をクロスオーバーさせて，適切なビジネス環境をご提供します。

主なサービス：国内／国際税務，海外進出／対日進出税務，移転価格，中国ビジネス支援，中国投資コンサルティング，クロスボーダー組織再編，コーポレートサービス，企業組織再編・資本戦略，株式・企業・事業評価，事業承継，国際相続，IPO，公益法人支援　など

URL：www.gtjapan.jp

主たる事務所：東京都港区北青山1-2-3　青山ビル9F
TEL：03-5770-8822

大阪事務所　：大阪市北区中崎西2-4-12　梅田センタービル25F
TEL：06-6359-0002

グループ法人：グラントソントン太陽ASG株式会社，太陽ASG有限責任監査法人

執筆者

大石　早苗	税理士	梶本　岳	税理士
酒井　均	シニアコンサルタント	作山　ゆかり	税理士
田代　セツ子	税理士	西田　尚子	税理士
葉山　徳	シニアコンサルタント		

著者との契約により検印省略

平成24年2月1日　初　版　発　行

実例＋Q&A
親族「内」事業承継

著　　者	グラントソントン太陽ASG税理士法人
発 行 者	大　坪　嘉　春
製 版 所	美研プリンティング株式会社
印 刷 所	税経印刷株式会社
製 本 所	株式会社　三森製本所

発行所　東京都新宿区下落合2丁目5番13号　株式会社　税務経理協会

郵便番号 161-0033　振替 00190-2-187408　電話 (03)3953-3301（編集部）
FAX (03)3565-3391　(03)3953-3325（営業部）
URL　http://www.zeikei.co.jp/
乱丁・落丁の場合はお取替えいたします。

ISBN978－4－419－05757－2　C3034